DAOLU YUNSHU SHIGU
DIANXING ANLI PINGXI (SAN)

道路运输事故典型案例评析（三）

交通运输部公路科学研究院　编写

人民交通出版社股份有限公司
北京

内 容 提 要

本书筛选了近年来发生的 17 起典型道路交通事故案例，涵盖道路旅客运输、危货运输、普货运输、农村运输、城市客运和智能辅助驾驶等领域。针对每起事故案例，通过援引事故案例的基本信息，详细分析了事故发生的原因、暴露出的突出问题以及相关防范措施建议，帮助和指导道路运输企业和从业人员了解这些事故的发生机理、认识事故的危害、吸取经验教训并做好相关的事故预防工作。

本书可作为道路运输企业安全管理人员和驾驶员教育培训的案例教材，也可供道路运输管理人员参考。

图书在版编目（CIP）数据

道路运输事故典型案例评析．三 / 交通运输部公路科学研究院编写．—北京：人民交通出版社股份有限公司，2023.9
ISBN 978-7-114-18835-0

Ⅰ．①道⋯ Ⅱ．①交⋯ Ⅲ．①公路运输—交通运输事故—案例—中国 Ⅳ．① D922.145

中国国家版本馆 CIP 数据核字 (2023) 第 104043 号

Daolu Yunshu Shigu Dianxing Anli Pingxi(San)
书　名：道路运输事故典型案例评析（三）
著　作　者：交通运输部公路科学研究院
责任编辑：王金霞　屈闻聪
责任校对：赵媛媛　龙　雪
责任印制：张　凯
出版发行：人民交通出版社股份有限公司
地　　址：(100011) 北京市朝阳区安定门外外馆斜街 3 号
网　　址：http://www.ccpcl.com.cn
销售电话：(010) 59757973
总　经　销：人民交通出版社股份有限公司发行部
经　　销：各地新华书店
印　　刷：北京印匠彩色印刷有限公司
开　　本：787×960　1/16
印　　张：8.75
字　　数：102 千
版　　次：2023 年 9 月　第 1 版
印　　次：2023 年 9 月　第 1 次印刷
书　　号：ISBN 978-7-114-18835-0
定　　价：45.00 元

（有印刷、装订质量问题的图书，由本公司负责调换）

张国胜　赵瑞华　谢家举　许洪国

主　　编：周　炜
副 主 编：巩建强　夏鸿文
成　　员：罗文慧　刘宏利　曹　琛　任春晓
　　　　　杜林森　熊柏松

  道路运输点多、线长、面广，运输强度大，运行环境复杂，安全风险点较多，是交通运输安全生产的重点领域，而保障道路运输安全对服务经济社会发展、便捷人民群众出行具有重要意义。近年来，全国道路运输安全生产形势总体呈现稳中趋好的态势，但重特大道路运输事故依然时有发生，给人民群众生命财产安全造成了重大损失，产生了恶劣的社会影响，也给道路运输行业带来了负面影响。"前事不忘，后事之师"，对典型道路运输事故进行研究分析，可以帮助道路运输行业深刻总结和汲取事故教训，提升安全生产管理水平，从而避免类似事故再次发生，有效保障人民群众生命财产安全，助力行业安全健康发展。

  交通运输部公路科学研究院组织相关人员编写的《道路运输事故典型案例评析（三）》一书，选取了2016年以来道路旅客运输、危货运输、普货运输、农村运输、城市客运和智能辅助驾驶等领域具有代表性、典型性以及对未来安全管理具有启示性的安全生产事故案例，总结了事故发生的根源，分析了事故暴露出来的突出问题，提出了有关措施建议，并通过"小提示""小知识"等方式介绍道路运输安全管理相关法规和标准、安全知识等内容，帮助从业人员更好地理解、掌握相关内容。

本书在编写与审定过程中，得到了交通运输部运输服务司的悉心指导，也得到了赵瑞华、谢家举、许洪国等领导、专家的大力支持，在此表示衷心的感谢。

由于编者水平有限，书中难免存在局限和疏漏，敬请读者批评指正。

编写组

二〇二三年二月

目 录
Mulu

案例1 疲劳驾驶造成旅游包车碰撞护栏后起火燃烧
——湖南郴州宜凤高速公路"6·26"特别重大道路
交通事故 ··· 1

案例2 疲劳驾驶致超长途客车失控撞向隧道壁
——陕西安康京昆高速公路"8·10"特别重大道路
交通事故 ··· 9

案例3 超速行驶致非法营运客车爆胎失控碰撞对向货车
——江苏无锡长深高速公路"9·28"特别重大道路
交通事故 ··· 19

案例4 客车汛期涉险通过漫水路段致翻车落水
——石家庄市平山县钢城路滹沱河段"10·11"车辆落水
重大事故 ··· 27

案例5 违规装载氯酸钠车辆在隧道内燃烧爆炸
——河北保定张石高速公路"5·23"重大危险化学品运输
车辆燃爆事故 ··· 33

案例6 高速公路匝道转弯超速导致危险货物运输罐车侧翻爆炸
——沈海高速公路温岭段"6·13"液化石油气运输槽罐车重大爆炸事故 ············ 43

案例7 未洗消罐车充装新介质发生化学反应燃爆
——山东滨州高新区"8·7"较大危险化学品违法运输事故 ············ 51

案例8 重型货车长下坡路段制动失效引发多车碰撞
——兰海高速公路兰临段"11·3"重大道路交通事故 ············ 65

案例9 车轮脱落引发多车碰撞
——沈海高速公路盐城段"4·4"重大道路交通事故 ············ 71

案例10 公路隧道汽车列车火灾事故
——沈海高速公路猫狸岭隧道"8·27"较大道路交通事故 ············ 76

案例11 疲劳驾驶致超载货车追尾拖拉机后与对向货车发生碰撞
——吉林松原"10·4"重大道路交通事故 ············ 83

案例12 超载货车下坡路段制动失效冲入集市人群
——湘潭市湘潭县花石镇"9·22"重大道路交通事故 ············ 90

案例13 农村客运车辆超载超速处置不当造成侧翻
——江西赣州"2·20"重大道路交通事故 ············ 104

案例14 动力蓄电池故障造成纯电动城市客车燃烧
——安徽铜陵"8·26"城市客车燃烧事故 ············ 109

案例15 驾驶员与乘客冲突引发城市客车坠江
——重庆市万州区"10·28"城市客车坠江事故 ········ 113

案例16 驾驶员心理不健康导致城市客车坠湖
——贵州安顺"7·7"城市客车坠湖事故 ············ 118

案例17 自动驾驶车辆使用场景超出其设计运行条件发生碰撞
——美国佛罗里达州"3·1"自动驾驶车辆撞击
半挂牵引车事故 ································· 122

案例 1 疲劳驾驶造成旅游包车碰撞护栏后起火燃烧

——湖南郴州宜凤高速公路"6·26"特别重大道路交通事故

客车的安全锤、应急门、应急窗等安全设施设备主要是在发生事故等紧急情况下，用于乘客紧急疏散逃生。如车辆安全锤缺失或者应急门、应急窗等逃生通道失效，一旦发生车辆起火等紧急情况，极易因为逃生受阻而加重事故伤亡后果。2016年6月26日，湖南郴州宜凤高速公路发生的一起车辆起火燃烧事故，是典型的因安全锤未按规定摆放，导致乘客逃生受阻的特别重大道路交通事故。

一 事故基本情况

2016年6月26日10时19分，驾驶员刘某驾驶一辆实载57人的大型客车，行驶至湖南省郴州市宜凤高速公路宜章段时车辆失控，先后与道路中央护栏发生一次剐蹭和三次碰撞，导致油箱因碰撞挤压而破裂，大量漏油，后因轮毂与地面摩擦产生的高温引燃柴油，造成车辆起火燃烧。事故经过示意图如图1-1所示，车辆燃烧后的情况如图1-2所示。车辆起火燃烧后，车门受路侧护栏阻挡无法打开，安全锤未按照规定摆放，影响乘客破窗逃生，最终仅有15人逃出车辆，造成35人死亡、13人受伤，直接经济损失2290余万元。

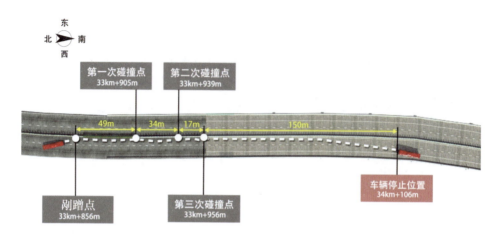

图1-1 事故经过示意图

图1-2 车辆燃烧后情况

案例1 疲劳驾驶造成旅游包车碰撞护栏后起火燃烧

此次事故共有21名责任人被采取刑事强制措施,另有21名责任人被给予党政纪处分。

二 事故原因

《湖南郴州宜凤高速"6·26"特别重大道路交通事故调查报告》中认定,驾驶员刘某连续多日未充分休息,疲劳驾驶造成车辆失控,与道路中央刚性护栏发生碰撞。碰撞导致车辆油箱破损、柴油泄漏,右前轮向外侧倾倒,轮毂上的螺栓和螺母与地面持续摩擦产生高温火花,点燃泄漏燃油。车辆停驶后,路面上的柴油遇到因摩擦产生高温的右前轮后起火。车辆右前角紧挨路侧护栏,车门无法有效打开,车上乘客不能及时疏散。车上共有5把安全锤,其中4把被放置在驾驶员座位左下侧储物箱内,放置位置不符合要求,导致乘客无法击碎车窗逃生,造成重大人员伤亡。

三 事故暴露出的突出问题

本起事故暴露出的突出问题是驾驶员长期得不到充分休息,身体极度疲劳,存在重大安全隐患,加之客车安全设备设施缺失或失效,一旦发生起火燃烧等险情或事故,往往会使乘客无法及时逃生,造成重大人员伤亡。

(一)事故发生的根源

驾驶员刘某连续三天接旅游团出游,其间除长时间驾驶车辆外,还陪同游客到景区游玩,晚上睡觉的时间均在凌晨0时以后,早上出发时间很早,身体没有得到充分休息,由于身体过度疲劳而引发事故。驾驶员将大部分安全锤放置于座位下侧储物箱内,导致车辆起火时乘客无法破窗逃生，反映出驾驶员安全意识极度薄弱，为了追求经济效益而忽视乘客生命安全。驾驶员长期处于疲劳状态，而且车辆安全设施放置位置不符合要求，从而引发事故，造成了重大人员伤亡。

（二）暴露出来的突出问题

1. 客车存在安全隐患违规安排发车

事故车辆结束一趟运行后，没有按规定进行回场进行安全例检，未按规范要求定期检查车内安全和应急设施，致使事故车辆安全锤未按规定放置等安全隐患没有得到及时整改；车辆动态监控人员不是专职人员，未正确履行职责，没有及时报修事故车辆动态监控装置不能定位的故障，涉事企业在事故车辆卫星定位装置出现故障的情况下，仍然违规安排车辆发班。

2. 驾驶员安全意识极度淡薄

驾驶员刘某连续三天早上7时前出发带团队乘客出游，其间除长时间驾驶车辆外，还陪同游客到景区游玩，但晚上睡觉的时间均在凌晨0时以后，事发前一晚实际休息约4h 20min，睡眠严重不足，加之此前已连续多日未充分休息，造成过度疲劳影响安全驾驶。同时，驾驶员私自将安全锤放置于座位下面，未按规定位置摆放，造成乘客破窗逃生受阻；发生车辆起火的险情后，驾驶员首先跳窗逃生，没有组织车内人员紧急疏散，客观上加重了事故伤亡后果。这些问题都反映出驾驶员安全意识极度薄弱，企业对客车驾驶员缺乏日常安全管理，日常安全教育和培训针对性不强甚至流于形式，应急演练培训等工作未有效开展。

3. 行业管理部门未按规定履职尽责

行业管理部门违规集中发放旅游包车客运标志牌，违规将空白旅游包车客运标志牌直接发放给客运企业，对客运企业安全生产管理流于形式、重大安全隐患长期未能及时整改等问题监管不到位。同时，也存在着基层监管人员安全监管能力不强、效率不高，不能有效履行安全监管责任等问题。

（三）有关措施建议

1. 加强驾驶员安全教育和培训

对驾驶员开展安全教育和培训是强化驾驶员安全责任意识、提升驾驶员紧急情况下应急处置能力的重要手段。客运企业应根据驾驶员的职业特点有针对性地制定培训内容，丰富教育培训手段，综合采用线上、线下培训等方式，对驾驶员开展道路交通安全法律法规、安全行车常识、典型事故案例、突发情况应急处置等内容的培训，深入开展应急疏散演练，督促驾驶员按照规定的学时要求参加安全培训。行业管理部门应当把企业对驾驶员开展安全培训教育作为重要的监督检查内容，将安全培训内容的科学性、有效性和针对性纳入检查范围。

2. 选配安全设施设备完备的客车

将安全出口、应急门、外推式应急窗、击碎玻璃式应急窗等应急逃生通道作为营运客车选型购置的重要条件，应选购安全逃生通道配置至少符合现行《营运客车安全技术条件》（JT/T 1094）要求的营运客车，优先选配装有外推式应急窗和自动破窗装置的客车，确保发生事故时，车上乘客能够第一时间疏散，保障乘客生命安全。

3. 做好客运出行安全告知

严格执行客运安全告知制度，在行车前通过驾驶员口头告知或者播放安全告知音像资料等方式，提醒乘客不得携带违禁物品乘车、行车中按规定使用安全带，告知乘客车上安全锤、应急窗（破玻器、外推式应急窗）、应急门、灭火器等安全应急设施设备的安装位置、使用方法等，确保乘客在遇到紧急情况时能够正确使用相关安全设施设备，提高逃生效率。

小知识

客车应急安全设施设备使用方法

1. 安全锤使用方法

安全锤又称救生锤，是一种安装在封闭舱室里的辅助逃生工具。它一般安装于汽车等封闭舱室内容易取到的地方，客车车窗上有明显标识。当汽车等封闭舱室出现火灾或落入水中等紧急情况时，应使用安全锤直接锤击钢化玻璃窗的四个边角，切记不要敲击最为结实的中间部位。当出现开裂并产生很多"蜘蛛网"裂纹时，只需要多锤击几下，就可以将玻璃砸碎。如果车窗玻璃有贴膜，需要用力将玻璃踹开。当玻璃脱落到一定程度时，乘客就可以及时有序地跳出窗外，转移到相对安全的位置。

2. 车门应急阀使用方法

（1）前门应急阀使用方法。打开大型客车前门上方的车门应急阀保护罩，顺时针拧动红色手柄，听到"嗞嗞"的放气声5~10s后，门就会松动可推开。

（2）中后门应急阀使用方法。在中后部设置车门的客车，首先把应急阀保护罩打开，再按照操作前门应急阀的步骤即可打开中后方车门。

（3）车门外应急阀使用方法。当车上有一部分人逃生后，车门外也有同样的应急阀，按照上述方法可以从车外打开车门，帮助车内乘客逃生。

3. 外推式应急窗使用方法

找到外推式应急窗位置，打开开关保护盖，先按下标有英文"ON"（开启）标识的红色按钮，再抓住开关把手快速用力拉开，就可以打开应急窗。

4. 完善旅游包车安全监管措施

按规定落实旅游包车客运标志牌管理制度，全面推进包车客运管理信息系统应用，持续巩固包车客运标志牌网上全程申请、审核、打印功能，完善包车合同等资料的网上审核功能，从根本上避免违规发放空白包车客运标志牌的情况发生。加强交通运输、文化和旅游部门监管信息共享，督促旅行社、旅游包车企业在包租车辆环节，通过查阅有关证照材料、登录互联网道路运输便民政务服务系统和旅游监管服务平台校验等方式，查验旅游包车企业、车辆、驾驶员和旅行社、导游资质资格。强化省际包车客运标志牌的信息核验功能应用，加大对旅游景区、游客集散地等区域的监督检查力度，严查没有合法包车客运标志牌、超范围经营的包车客运车辆。

四 案例小结

客车安全锤、应急窗、应急门等安全设施设备，对于突发情况下乘客紧急逃生至关重要。因此，客运企业应按规定开展客车安全例检，认真检查安全锤、安全带、灭火器、应急逃生通道等安全设施设备是否齐全有效，并积极选配应急逃生通道完善的客车，提高客车在起火燃烧等紧急情况下的乘客逃生效率。客运企业应加强驾驶员安全管理，有针对性地开展驾驶员应急处置能力的培训和应急演练，保障驾驶员能够妥善应对各类突发事件，及时组织乘客疏散；合理安排运输任务，做好出车前安全提示，预防驾驶员酒后、带病、疲劳、带不良情绪上岗。此外，企业还应督促驾驶员每趟次发车前对乘客开展安全宣传告知，保障乘客掌握客车安全设施设备的使用方法，提升紧急疏散效率。

案例 2 疲劳驾驶致超长途客车失控撞向隧道壁

——陕西安康京昆高速公路"8·10"特别重大道路交通事故

800km以上超长途客运班车运营里程长，运行时间长，驾驶员连续作业，易出现疲劳驾驶、超速驾驶、分心驾驶等不安全驾驶行为，运营安全风险很大。2017年8月10日，京昆高速公路陕西安康段发生一起超长途客运班车碰撞隧道壁的特别重大道路交通事故。

一、事故基本情况

2017年8月10日14时01分，驾驶员王某驾驶一辆实载49人的大型客车，从四川省成都市城北客运中心出发前往河南省洛阳市，途中多数乘客是站外上客。车辆行驶至陕西省安康市境内京昆高速公路秦岭1号隧道南口1164km+867m处时，正面冲撞隧道洞口端墙，导致车辆前部严重损毁变形、座椅脱落挤压，事故现场情况如图2-1所示，造成36人死亡、13人受伤。

此次事故共有28名责任人被移交司法机关处理，另有32名责任人被给予党、政纪处分。

道路 运输事故 典型案例评析（三）

图2-1　事故现场情况

二　事故原因

《陕西安康京昆高速"8·10"特别重大道路交通事故调查报告》中认定，驾驶员王某行经事故地点时超速驾驶、疲劳驾驶，致使车辆向道路右侧偏离，正面冲撞秦岭1号隧道洞口端墙。经查，自8月9日12时至事故发生时，驾驶员没有落地休息，事发前已在夜间连续驾车达2h29min，且7月3日至8月9日的38天时间里，他只休息了一个趟次（2天），其余时间均在执行长途班线运输任务，长期跟车出行导致休息不充分。此外，发生碰撞前驾驶员未采取转向、制动等任何安全措施，显示其处于严重疲劳状态。同时，经鉴定，事故发生前车速为80~86km/h，高于事发路段限速（大型客车限速为60km/h），超过限定车速33%~43%。

小知识

疲劳驾驶及其预防方法

1. 疲劳的含义

疲劳是人体的一种防御性反应，是因体力、脑力过度活动而造成暂时性人体反应能力减弱、工作效率下降的一种生理和心理现象，可分为生理疲劳和心理疲劳两类。

（1）生理疲劳：当人们从事体力劳动时，工作活动主要由身体的肌肉承担，体内大量能量的消耗，会造成血糖降低、脑部供血不足、体内乳酸堆积，此时产生的疲劳称为生理疲劳，通常表现为乏力、动作协调性和灵活性降低、操作速度减慢和操作错误率上升等。

（2）心理疲劳：当人们从事脑力劳动时，往往有大量兴奋冲动传到大脑皮层的有关区域，使这些区域处于持续兴奋状态。当兴奋持续一定时间后，大脑会产生抑制性保护作用，使得这些区域由兴奋状态转变为抑制状态，此时产生的疲劳称为心理疲劳。心理疲劳通常表现为思维迟缓、注意力不集中、反应速度降低、情绪低落，同时伴有工作效率降低、错误率上升等。

2. 疲劳驾驶的表现

根据疲劳程度不同，疲劳驾驶可分为轻度疲劳驾驶、中度疲劳驾驶和重度疲劳驾驶。

（1）轻度疲劳驾驶的表现：①频繁打哈欠；②眼皮沉重；③肌肉僵硬。

（2）中度疲劳驾驶的表现：①眼睛灼痛，视线模糊；②腰酸背痛，手脚发胀；③注意力不集中，容易走神；④调整转向盘的次数减少，调整幅度变大；⑤无法准确判断与其他车辆间的车距。

（3）重度疲劳驾驶的表现：①浑身发颤，出冷汗；②无故偏离车道；③下意识采取制动操作；④无法保持固定车速；⑤不自觉睡几秒，然后醒来；⑥对车辆失去控制力。

3. 疲劳驾驶的原因

导致疲劳驾驶的原因主要有六方面：连续驾驶时间过长，在一定时间内累计驾驶时间过长，睡眠质量下降，"红眼"驾驶，服用刺激或者抑制中枢神经的药物，患有阻塞性睡眠呼吸暂停综合征或高血脂等疾病。

4. 疲劳驾驶的预防

预防疲劳驾驶应做到以下几个方面：合理安排行车计划，保证精力充沛和心情愉悦，保持舒适的驾驶环境，按时就餐，及时停车休息、缓解疲劳，正确使用疲劳驾驶、前方碰撞、车道偏离预警系统等智能辅助驾驶系统，养成良好的生活习惯等。

三 事故暴露出的突出问题

本起事故暴露出超长途客运班线驾驶员疲劳驾驶、超速驾驶等运营安全隐患大，承包经营车辆安全管理不到位，部分老旧桥隧存在安全隐患等问题。

（一）事故发生的根源

事故车辆为承包经营车辆，承包经营者为了实现效益最大化，超负荷使用车辆和驾驶员，导致疲劳驾驶、超速驾驶、沿途随意上下客、不按规定报班和出站等违法违规行为多发。本次事故的驾驶员长期跟车运输，得不到充分有效的落地休息，导致生理极度疲劳，对车辆失去控制，是本起事故发生的根源。

案例2　疲劳驾驶致超长途客车失控撞向隧道壁

关于驾驶员驾驶时间和休息时间的规定

交通运输部、公安部、应急管理部联合发布的《道路旅客运输企业安全管理规范》（交运发〔2018〕55号）第三十八条规定，客运企业在制定运输计划时应当严格遵守客运驾驶员驾驶时间和休息时间等规定：

（1）日间连续驾驶时间不得超过4h，夜间连续驾驶时间不得超过2h，每次停车休息时间应不少于20min；

（2）在24h内累计驾驶时间不得超过8h；

（3）任意连续7日内累计驾驶时间不得超过44h，期间有效落地休息；

（4）禁止在夜间驾驶客运车辆通行于达不到安全通行条件的三级及以下山区公路；

（5）长途客运车辆凌晨2时至5时停止运行或实行接驳运输；从事线路固定的机场、高速铁路快线以及短途驳载且单程运营里程在100km以内的客运车辆，在确保安全的前提下，不受凌晨2时至5时通行限制。

客运企业不得要求客运驾驶员违反驾驶时间和休息时间等规定驾驶客车。企业应主动查处客运驾驶员违反驾驶时间和休息时间等规定的行为，发现客运驾驶员违反驾驶时间和休息时间等规定驾驶客车时，应及时采取措施纠正。

（二）暴露出来的突出问题

1. 经营者安全管理履职严重不到位

事故车辆所属企业对承包经营车辆失管失控，"以包代管、包而不管"的现象比较突出,承包经营者为了提高经济效益,长时间连续安排驾驶员跟车运输,导致驾驶员得不到充分有效的休息;对驾驶员的日常安全教育流于形式,导致驾驶员安全责任和意识不强。同时,客运站不能严格执行"三不进站,六不出站"的规定,报班、出站检查等流于形式,对驾驶员资质和车辆安全条件把关不严,存在较大安全隐患。

2. 动态监控落实不到位

动态监控落实不到位,未组织监控人员开展岗位培训,动态监控平台未按规定设立超速行驶限值,对动态监控系统发现的客车多次超速、长时间疲劳驾驶等报警信息未及时按规定纠正。同时,动态监控系统不能实现分段限速,导致超速报警值与实际情况不符,产生大量无效的监控数据,未发挥卫星定位监控系统精准监控的作用。

3. 行业安全监管责任落实不到位

行业管理部门对企业承包车辆经营"以包代管"、动态监控责任落实不到位、客运站报班和出站检查流于形式等违法违规行为监督不到位,对公路高危路段排查治理把关不严,暴露出部分行业管理人员存在责任心不强、业务水平不高等问题。同时,也存在基层管理人员数量不足、无法有效落实监管责任的问题。

4. 部分老旧桥隧安全隐患大

事故路段的桥隧连接方式、道路线形、平纵横指标、交通标志及照明设施等的设置符合建设当时的标准规范,但随后修订发布的《公路交通安全设施设计规范》(JTG D81—2006),对桥梁、道路与隧道的连接方式提出了新的要求,即护栏设置的起讫点、交通分流处三角地点、中央分隔带开口以及隧道入口、出口处等位置,应进行便于失控车辆安全导向的端头处理,不同形式的路基护栏之间或者路基护栏与桥梁护栏之间应进行过渡处理。高速公路运营单位在高危路段治理中未全面排查整治京昆高速公路陕西安康境内1153km至1172km路段的安全隐患，未按照新的标准在隧道入口与桥梁连接部位增设防护导流设施。

（三）有关措施建议

1. 加强长途客运班线安全管理

坚持防范风险、稳妥有序、严控增加、优化增量的原则，对800km以上超长途客运班线实施重点监管，对进入市场的经营者严格开展安全风险评估，符合安全要求的经营者方可进入市场，切实强化长距离客运班线源头风险管控。创新组织模式，对于尚未开通高速铁路或民航机场的地区，大力发展通达毗邻地区火车站、机场的客运班线，积极开展定制客运服务，强化与铁路、民航等运输方式衔接，为超长途出行旅客提供中转接续服务。

2. 加强承包经营车辆的管理

督促客运企业严格落实对承包经营者的安全管理责任，将承包车辆和驾驶员管理纳入企业自身安全管理体系，对驾驶员进行统一聘用、统一培训、统一考核，对客车进行统一选型、统一购置、统一维护，强化企业对承包经营者的管控能力，督促承包经营者严格执行行业安全管理要求。

3. 强化安全管理科技手段应用

深化营运客车智能视频监控系统应用，及时发现驾驶员疲劳驾驶、分心驾驶等不安全驾驶行为，并及时提醒和纠正，消除安全隐患；对不安全驾驶行为多发的驾驶员加强安全培训教育，并将其作为重点监管对象。推动所有营运客车配备全车型、全工况、全要素、全时空自动紧急制动系统（AEBS），避免碰撞类事故（包括追尾前方车辆等移动障碍物、护栏和端墙等固定障碍物）的发生或者减轻碰撞类事故的后果。

4. 做好驾驶员出车前安全告知

每日发车前对客运驾驶员进行问询、告知，预防客运驾驶员酒后、带病、疲劳、带不良情绪或服用影响安全驾驶的药物上岗。

5. 提升行业安全监管效能

加强对行业一线安全监管人员的培训教育，提升安全监管能力。建立安全监督检查事项清单，明确监督检查事项、内容、方法、标准等相关要求，积极应用道路运输安全监督检查信息化系统，实现安全监督检查计划制订、任务生成、内容选定、检查实施和结果反馈等全流程信息化管理，切实提高监督检查效率，提升安全监管统一化、标准化、规范化、信息化水平。

道路运输安全生产监督检查系统

交通运输部公路科学研究院作为支撑与服务交通运输行业发展的科研机构，积极开展道路运输领域"放管服"改革和事中事后监管落实落地研究，聚焦基层行业管理部门在实践中对于"怎么管"存在的认识不清、手段不够、方法不多等问题，对行业安全监管的法律法规和标准规范进行系统的梳理和研究分析，并在广泛调研的基础上对安全监管进行流程化的设计，开发了道路运输安全生产监督检查系统，其集成测试版于2021年1月1日正式上线运行。目前，已在山西、山东、广东、浙江等地成功应用。道路运输安全生产监督检查系统分为个人电脑（PC）端和手机应用（App）端。

PC端主要用于检查基础管理，包括系统管理、基础库管理、任务调度等模块，具备用户管理、检查名录库建立、检查计划制订、检查任务自动生成、现场检查记录和检查结果公示等功能，能同时满足省、市、县三级行业管理部门的实际需求。制订检查计划和生成任务时，完全按照"双随机、一公开"的检查要求，将检查对象随机分配至各个月份，形成每月的月度检查计划。检查计划通过参数化配置，系统自动生成，由审核人员完成审核并根据需要下发。生成检查任务时，检查对象、检查人员、检查时间均采用范围选择，避免直接指定的方式。检查人员随机成组，检查时间平均分配，检查对象、检查人员及检查时间由系统随机匹配。在检查对象、检查人员随机匹配过程中采用基于权重的动态集合混洗技术，并对数据进行多轮聚合分离处理，确保能将企业随机并均匀地分布在不同的月份进行检查，比一般的随机算法更可靠，能在最大程度上保证算法的安全、快速、有效，从而实现监督检查的公开、公正、透明。任务生成后，系统会在首页公示，让相关人员能在第一时间了解到检查工作信息。

App端主要用于检查组成员、技术专家开展现场检查时使用。任务公示后推送到App端，参与检查的检查组成员或专家将在App端获取被分配的任务列表，通过点选任务查看任务的具体信息，如被查企业的基本信息，当前检查任务的参与人员等。进入检查任务后，检查人员通过App的流程指引，了解检查对象在本次检查中需要检查的具体事项和检查要求，根据要求进行现场检查和评定，并在App端给出事项的检查评定结果，通过拍照、录制视频、录音等多种手段，留存检查证据，并通过App自动上传到道路运输安全生产监督检查系统的后台。

道路运输安全生产监督检查系统通过PC端+App端，打通了道路运输安全生产监督检查的全链条，为检查提供了全流程的设计、全内容的覆盖和全方位的指导，实现全程能留痕、责任可追溯，极大地提高了检查的效率，有力支撑了行业管理部门事中事后监管能力的提升。

6. 加强老旧公路安全隐患排查治理

建立老旧公路定期安全评估制度，按照公路等级和通行流量，对在用老旧公路进行安全评估，有效甄别隐患路段，开展安全治理，提升公路安全通行水平。同时，针对安全隐患大的路段，邀请经常在该路段通行的客货运输驾驶员参与安全评估，了解驾驶员在行驶过程中对安全风险的直观感受并听取相关改进意见，进一步提升公路通行安全水平。

四 案例小结

超长途客运班车连续运营时间长，运营安全风险高，极易发生群死群伤的安全生产事故，对经营者安全管理的水平要求高。压实承包经营者的安全管理责任，推动营运客车AEBS等主动安全装备的普及是保障安全的基础条件。对800km以上超长途客运班线经营开展准入安全风险评估，把好准入关，是强化源头安全防范的重要手段。与此同时，部分地区综合交通运输体系发展仍显滞后，不能适应乘客长距离安全便捷出行需求。坚持疏堵结合，积极培育中短途道路客运与铁路、民航联程运输，是降低运营风险、保障人民群众安全便捷出行的有效途径。

案例 3　超速行驶致非法营运客车爆胎失控碰撞对向货车

——江苏无锡长深高速公路"9·28"特别重大道路交通事故

非法营运一直以来都是道路客运领域难以根治的顽瘴痼疾，非法营运车辆会扰乱旅客运输市场秩序，营运主体不能履行安全生产主体责任，驾驶员安全培训教育、车辆维护和动态监控等日常安全管理严重缺失，存在巨大安全隐患。2019年9月28日，长深高速公路江苏无锡段发生一起非法营运客车碰撞重型半挂汽车列车的特别重大道路交通事故。

一　事故基本情况

2019年9月28日5时8分，驾驶员李某驾驶一辆未取得道路旅客运输经营资质的大型客车，核载69人、实载71人（含4名免票儿童，未超员），从浙江省绍兴市柯桥区杨汛桥镇发车，驶往安徽省阜阳市临泉县。7时许，车辆行驶至长深高速公路江苏省无锡市宜兴市境内时（车速约为127km/h），左前轮爆胎，车辆失控，两次碰撞中央隔离护栏，越过中央隔离带冲入对向车道，与对向正常行驶的重型半挂汽车列车（车上有2名驾驶员）相撞，两车前部严重变形，事故现场情况如图3-1所示，造成36人死亡、36人受伤，另有1

道路运输事故典型案例评析（三）

名儿童未受伤。

图3-1　事故现场情况

此次事故共有14名责任人被采取刑事强制措施，另有45名公职人员被追责、问责。

二　事故原因

《长深高速江苏无锡"9·28"特别重大道路交通事故调查报告》认定，事故发生的直接原因是：大型客车在高速行驶过程中左前轮轮胎发生爆破，导致车辆失控，两次与中央隔离护栏碰撞，冲入对向车道，与对向正常行驶的大型货车相撞。经专业机构检验检测和专家综合分析论证，轮胎爆破与轮胎气压过高、车辆高速行驶、车辆重载引起轮胎气密层与内衬层脱层有关。大型客车上大部分乘员因为未系安全带，在事故发生时脱离座椅，被挤压或甩出车外，加重了事故伤亡后果。

小知识

车辆爆胎应急处置措施及注意事项

车辆爆胎主要由于轮胎老旧、异物穿刺、轮胎残损、车辆超载、超速行驶以及胎压过高或过低等情况导致。车辆转向轮发生爆胎时极易引发车辆失控，进而发生碰撞、侧翻等事故。

1. 应急处置措施

车辆行驶中发生爆胎，驾驶员可采取以下应急处置措施：

（1）如果转向轮发生爆胎，驾驶员应立即握稳转向盘，尽量控制车辆保持直线行驶，迅速放松制动踏板，采用"轻踩长磨"的减速方式，逐渐降低车速；选择安全地点靠边停车，打开危险报警闪光灯，在来车方向同车道按规定摆放安全警告标志，更换备胎。高速行驶时严禁紧急制动。

（2）如果车辆已偏离正常行驶方向，驾驶员可适当修正行驶方向，但严禁急转转向盘，防止车辆失控。车速明显降低后，可间歇轻踩制动踏板，就近选择安全区域停车。

（3）如果车辆后轮发生爆胎，驾驶员应立即握稳转向盘，保持行车路线，间歇轻踩制动踏板，就近选择安全区域停车。

2. 注意事项

（1）车辆在高速行驶时发生爆胎，尽量避免使用行车制动器制动，以免失控侧翻。

（2）公路客车、旅游客车和校车的所有车轮，以及其他道路运输车辆的转向轮严禁使用翻新轮胎。

（3）驾驶员要对轮胎进行日常检查、维护，定期更换。

（4）驾驶员要保持良好的驾驶习惯，守法驾驶，严禁车辆超载、超员、超速。

（5）鼓励运输企业购置使用配备胎压监测系统（TPMS）的车辆，对胎压和胎温进行实时监控。

（6）具备条件的运输企业可为道路运输车辆转向轮安装符合标准的爆胎应急安全装置，提升车辆爆胎后的行驶稳定性。

（7）在路侧临时停车更换损坏轮胎时，应选择相对安全的地方，做好前后方的警示提醒，摆好安全警告标志，具备条件的，可安排一人在车辆来车方向150m外路侧护栏外进行警示提醒。

三 事故暴露出的突出问题

本起事故暴露出非法营运车辆经营乱象多、存在巨大安全隐患的问题，同时还暴露出相关管理部门在非法营运协同治理方面还需进一步加强的问题。

（一）事故发生的根源

事故客车所属企业未取得道路旅客运输经营许可，所属车辆均未取得道路运输证，车辆均由各车主个人出资购买并登记在该公司名下，使用伪造的道路旅客运输经营许可证、道路运输证、包车客运标志牌等相关证件非法从事道路客运经营活动。非法营运车辆长期不落实道路客运安全管理相关要求，经营者和驾驶员安全意识淡薄，漠视交通法规，是发生本起事故的根源。

（二）暴露出来的突出问题

1. 脱离道路运输行业监管，扰乱运输市场秩序

非法营运车辆未纳入道路运政系统及道路运输车辆动态监督管理，长期处于"看不见、管不着"的状态，游离于监管之外，而且行动隐蔽，刻意躲避监管，执法检查难度较大。非法营运企业严重损害了守法经营企业的合法权益。一是企业难以落实安全生产主体责任。非法经营企业内部安全管理制度不全，安全管理人员配备、安全投入、驾驶员日常安全培训、车辆维护、车辆动态监控等各关键要素及环节缺失，不能有效履行企业安全生产主体责任，安全风险极高。二是违法违规行为突出。非法营运车主及驾驶员安全意识淡薄，为了经济利益，超速、超员等违法违规行为频繁发生，极易发生群死群伤事故，严重危害人民群众生命财产安全和社会公共安全。

2. 非法营运协同治理需进一步加强

非法营运协同治理涉及交通运输、公安、市场监督管理等多部门，事故暴露出相关部门间配合力度不够、信息共享不足，对非法运营企业及车辆管理碎片化，未建立有效的信息沟通与联合监管机制，企业注册、车辆登记等环节仍旧存在信息孤岛，源头监管力度不足，过程监管各自为战，难以形成监管合力，以有效打击非法营运。

（三）有关措施建议

1. 聚焦数字监管，推动信息共享

建立健全部门间信息共享机制，实现交通运输、公安、市场监督管理等部门管理系统对接，畅通信息共享渠道，实现道路运输企业注册登记和道路运输经营许可证信息、道路运输车辆注册登记和道路运输证信息、道路客货运输驾驶员驾驶证和从业资格证信息、

旅游监管与包车客运信息共享、联网查询，为多部门加强协同监管提供支撑。

2. 聚焦精准监管，破解突出问题

建立多部门共同参与、协调配合、运转高效的执法协作机制，综合运用各类监管数据，加强对未取得道路运输证的运输车辆、频繁出入本地的外籍客运车辆和危险货物运输车辆的重点监管，加大对网约车非法营运的执法检查力度。严格落实《道路运输车辆动态监督管理办法》，用好"两客一危"和重型载货汽车和牵引车动态运行轨迹信息，提升违法违规行为精准打击力度，督促运输企业落实安全生产主体责任。

3. 聚焦协同监管，健全管理机制

完善道路运输经营主体协同管理机制，严格落实《国务院关于"先照后证"改革后加强事中事后监管的意见》（国发〔2015〕62号），履行好"双告知"职责，联合开展在营道路运输经营主体的排查整治，加强对取得营业执照但未办理道路运输经营许可的市场主体的联合监管。建立道路运输车辆道路运输证和行驶证比对核查机制，规范道路运输车辆使用性质登记管理，加强对行驶证使用性质为营运类但未办理道路运输证车辆的执法检查，防止不具备资质的车辆非法从事道路运输经营行为。

4. 聚焦综合监管，构建共治格局

综合运用失信惩戒措施，促进道路运输经营主体自治；充分发挥社会公众的监督作用，依法严厉查处各类非法、违法营运行为，促进企业自我约束、诚信经营。

5. 聚焦科技应用，提升治理效能

将营运客车（VIN代码）与重点营运车辆联网联控系统、汽车行驶记录仪紧密绑定，实施全寿命周期监控管理。推动所有营运客车配备全车型、全工况、全要素、全时空的自动紧急制动系统

（AEBS），避免碰撞类事故（包括追尾前方车辆等移动障碍物、护栏和端墙等固定障碍物）发生或者减轻事故伤亡后果。

> **案例**
>
> **江苏省以"大数据+智能化"实现非法营运精准打击治理**
>
> 江苏省针对非法营运车辆隐蔽性强、查处难度高，仅依靠执法人员上路检查宛如大海捞针，难以从根本上解决问题的实际情况，运用"大数据+智能化"手段，整合交通运输、公安、应急管理、高速公路经营单位等部门每年的交互数据，开发了非法营运智能化整治系统，采取"五步工作法"精准打击非法营运，极大地提高了非法营运查处效率和精准度。
>
> 第一步，数据布网。通过车辆高速通行轨迹信息，形成疑似车辆数据库，给非法营运车辆布下"天网"。
>
> 第二步，智能研判。研判排除单位自备车辆，形成待核查车辆库，并自动推送至执法人员手机App。
>
> 第三步，精准堵截。研判嫌疑车辆最可能出现的站点和时段，联合公安部门精准布置执法力量实施堵截，严格执法。
>
> 第四步，联合惩戒。对查实的非法营运车辆，实施行政处罚、信用计分，并加入高速公路禁行"黑名单"。
>
> 第五步，源头治理。将查实的外省籍非法营运车辆，定期抄告所在地源头管理部门，告知其履行属地源头监管责任。

四 案例小结

非法营运车辆存在极大安全隐患，严重扰乱运输市场秩序，无法保障乘客合法权益，严重威胁人民群众生命财产安全。交通运输、公安、市场监督管理等部门间协同联动、信息共享和执法协作，是打击和治理非法营运行为的基础保障。充分利用道路运政管理信息系统、全国重点营运车辆联网联控系统、包车客运管理信息系统、高速公路联网收费系统等数据，做好车辆信息排查比对和有效追踪是精准查处非法经营行为的重要支撑。只有"双管齐下"，才能不断提升非法营运治理能力和监管水平，净化道路运输市场环境，切实保障人民群众生命财产安全。

案例 4 客车汛期涉险通过漫水路段致翻车落水

——石家庄市平山县钢城路滹沱河段"10·11"车辆落水重大事故

汛期降雨量大幅增加,极易引发洪涝、泥石流、山体滑坡、路面塌方等自然灾害,严重影响客运车辆行车安全,如驾驶员遇突发情况处置不当,极易发生事故,造成重大人员伤亡。2021年10月11日,河北省石家庄市平山县一辆客车在通过漫水路段时,侧翻落入水中,导致重大人员伤亡。

一 事故基本情况

2021年10月11日,驾驶员任某驾驶一辆搭载50名某公司员工的大型客车,行驶至河北省石家庄市平山县钢城路滹沱河段,涉险通过漫水路段时,车辆受水流影响偏移,致使车辆压到路侧不规则路面而产生颠簸、晃动,车轮驶出路基,车身向外倾斜后,侧翻落入水中。事故造成14人溺水死亡,直接经济损失约3500万元。车辆被打捞上岸后的情况如图4-1所示。

此次事故共有10名责任人被采取刑事强制措施,另有16名责任人被给予党政纪处分。

道路运输事故典型案例评析（三）

图4-1　车辆被打捞上岸后的情况

二　事故原因

《石家庄市平山县钢城路滹沱河段"10·11"车辆落水重大事故调查报告》中认定，事故路段路面为水泥稳定碎石基层，漫水后抗滑性降低，行驶车辆与路面的附着力减小，路侧不规则形状的沥青混凝土层造成车辆颠簸晃动，降低了车辆行驶的稳定性，增大了驾驶操控难度。驾驶员任某驾驶车辆行经漫水路段时，未停车查明水情，冒险驶入，在水流和路面颠簸的影响下，未能及时修正车辆行驶方向，致使车辆驶出路外，侧翻落水。

三　事故暴露出的突出问题

本起事故暴露出驾驶员安全意识淡薄的问题，汛期行经漫水路段时，在未探明险情的情况下冒险驶入，致使车辆侧翻落入水中，造成重大人员伤亡。

（一）事故发生的根源

驾驶员任某在汛期漫水路段实施交通管控的情况下，仍然冒险驶入管控路段，致使车辆在路面颠簸和水流的双重因素作用下发生侧翻是本起事故发生的根源。

（二）暴露出来的突出问题

1. 驾驶员安全意识淡薄

受汛期强降雨影响，路段上游水库泄洪，路面漫水，当地对涉事路段采取了阻断交通的管控措施。驾驶员任某为躲避拥堵，驾驶客车在未探明水情的情况下，冒险驶入漫水路段，从而造成客车侧翻落入水中，暴露出该驾驶员安全意识淡薄，缺乏汛期涉水驾驶经验的问题，最终导致事故发生。

2. 管理部门现场值守人员应对处置不力

当地公安机关交通管理部门明确对事故路段进行阻断交通，禁止过往车辆通行，并安排公安交通管理和交通运输行政执法人员现场执勤，劝阻过往车辆。但是，其间仍有超过100余辆车涉水通行，反映出现场执勤人员未能正确履行交通管控职责的问题，存在巨大安全隐患。

（三）有关措施建议

1. 加强汛期安全管控

明确在雨、雪、雾等恶劣天气下的营运客车暂停发班标准，实施负面清单管理。在汛期、冬季冰雪天气等特殊气象条件下，应当增强风险意识和责任意识，交通运输、公安交通管理、气象、水利、自然资源等部门加强信息共享，一旦出现强降雨、大雾、台风、洪水、泥石流、降雪、冰冻等灾害预警，及时督促道路客运

道路运输事故典型案例评析（三）

经营者调整运营计划，达不到安全通行条件时，该停就停、该断就断，坚决避免涉险运行。

2. 加强驾驶员应急处置能力培训

在汛期和冬季来临前，专门针对驾驶员开展强降雨、降雪、大雾、冰冻等自然灾害应对处置能力培训，提升驾驶员应对不良天气和复杂路况的应急处置能力。

小知识

突遇自然灾害应急处置措施及注意事项

我国部分地区自然灾害频发，极易对行车安全造成严重威胁。常见的自然灾害情形包括冰雹、台风、泥石流、山体滑坡、地震等。

1. 应急处置措施

（1）在行车过程中突遇恶劣天气时，驾驶员应立即降低车速，尽量跟车行驶，保持安全车距，开启危险报警闪光灯，控稳转向盘，平稳行驶，如需改变行驶路线应尽量缓慢转动转向盘。

（2）在行车过程中，遇到暴雨、冰雹等极端恶劣天气时，要及时选择安全区域停车避险，开启危险报警闪光灯、示廓灯。

（3）在行车过程中突遇台风时，驾驶员要握稳转向盘，降低车速，防止因横风作用致使行驶方向偏移，尽量减少超车。如果是逆风行驶，要注意风向突然改变或者道路出现较大弯度时，因风阻突然减小而导致车速猛然增大。

（4）在行车过程中突遇泥石流、山体滑坡时，驾驶员应立即减速或停车观察，确认安全后尽快通过，或行驶到安全区域停车，情况不明时避免自行清理路障。若行驶车辆无法避让泥石流、山体滑坡时，应及时组织乘客（如有）弃车逃生，到安全地点等待救援。

（5）在行车过程中突遇地震时，驾驶员要握稳转向盘，立即寻找开阔地点停车，避免驶上桥梁、堤坝等或驶入隧道，同时提醒车内人员加强自身防护。地震过后，应保持低速行驶，观察道路损坏情况，保障行车安全。

2. 注意事项

（1）驾车行经自然灾害多发区域前，驾驶员应提前收集行驶路线沿途地区的天气及交通信息，熟悉高速公路出入口、沿线服务区，制定备用行车路线。

（2）雨天行车时，特别是连续大雨后，行经山区路段需注意泥石流和山体滑坡。

（3）驾驶员根据行驶途经区域季节性气候变化情况，及时更换相适应的冷却液、机油、燃油等。行经暴雪、冰雹多发地区，要随车携带防滑链、垫木等应急工具。

3. 厘清企业安全职责

严格管理包车、租车以及通勤班车，在包车（租车）合同中明确甲乙双方安全职责，如甲方在包车（租车）前未核验乙方是否具备道路旅客运输经营资质，选择不具备经营资质的企业承担运输任务，应共同承担运输安全生产责任。

四 案例小结

漫水路段的水深和路宽、水的流速、水对道路的破坏程度、水处于升势还是处于落势等，均会给驾驶安全带来较大影响，驾驶员如果忽视这些安全隐患，冒险通过，往往会导致车辆受困、损坏，甚至发生事故，造成人员伤亡。只有加强路段安全隐患排查分析，对达不到安全通行条件的路段及时果断采取交通管控措施，督促企业加强安全防范，及时根据交通管控措施调整运营计划，才能有效避免险情和事故的发生。

案例 5 违规装载氯酸钠车辆在隧道内燃烧爆炸

——河北保定张石高速公路"5·23"重大危险化学品运输车辆燃爆事故

危险货物具有对人员、车辆或周围环境产生危害的特性，容易受外界温度、湿度等变化的影响，合理的包装和科学的装载能够有效保障其运输安全。近年来，隧道内的危险货物运输事故仍有发生，隧道的管状结构有利于危险物质的扩散，而其空间受限，不利于事故应急救援的开展，事故往往造成严重后果。2017年5月23日，河北省保定市张石高速公路保定段（石家庄方向）浮图峪五号隧道内发生一起重大危险化学品运输车辆燃爆事故，造成15人死亡、3人重度烧伤，直接经济损失4200多万元。

一　事故基本情况

2017年5月23日6时23分，驾驶员驾驶一辆装载32t氯酸钠的仓栅式半挂汽车列车，行驶858km，海拔落差（从高海拔到低海拔）约为1000m，历时15h21min（其间熄火停车2h），在张石高速公路浮图峪五号隧道（石家庄方向）内发生初始燃烧爆炸，之后燃烧爆炸的强热引发氯酸钠和爆炸混合物爆炸，爆炸产生的冲击波、高温及火焰导致车辆破损、人员伤亡，煤炭燃烧及爆炸碎片飞溅，后续油箱、制动气罐、灭火器及轮胎等又相继发生连锁爆炸。事故波及9辆车，其中6辆损毁，造成15人遇难，3人重度烧伤，事故还波及高速公路桥下村庄，造成43户民房受损，16名村民轻微受伤。事故现场情况如图5-1所示。

图5-1　事故现场情况

此次事故共有8名责任人被移交司法机关，10名责任人受到行政处罚，13名公职人员受到党政纪处分。

> **小知识**
>
> ### 氯酸钠的危害特性
>
> 氯酸钠，危险货物、易制爆危险化学品，第5.1项氧化性物质，联合国危险货物编号为UN 1495。它是强氧化剂，受强热或与强酸接触时即发生爆炸，与还原剂、有机物、易燃物如硫、磷或金属粉末等混合可形成爆炸性混合物，急剧加热时可发生爆炸。

二、事故直接原因

《河北保定张石高速浮图峪五号隧道"5·23"重大危险化学品运输车辆燃爆事故调查报告》中认定，事故发生的直接原因是：

案例5 违规装载氯酸钠车辆在隧道内燃烧爆炸

事故车辆装载吨袋（一种柔性集装袋）包装的超规格大体积量氯酸钠，在运输过程中，由于货物与货物，货物与车辆底板、箱板及残留的石油焦粉末（含硫）等杂质之间相互摩擦产生并不断聚集热量，后一桥左侧车轮橡胶轮胎自燃，引燃了捆绑绳、篷布和密封布，厢体温度升高，当能量聚集达到氯酸钠燃爆点时，发生了氯酸钠初始爆炸，并引发了后续爆炸和燃烧。

注：该车辆在装载氯酸钠之前，承运了5号石油焦，并有部分残留在车辆上。

三 事故暴露出的突出问题

本起事故是一起典型的因包装和装载不合理引发的多重安全风险交织、叠加导致的隧道内危险货物燃爆事故。

（一）事故发生的根源

事故发生的直接原因看似为运输中危险货物摩擦、振动产生热量累积及轮胎起火等"偶然"因素，实际上车辆、驾驶员、押运员、货主企业、运输企业及相关管理方、服务提供方均存在明显的不合规行为，导致了事故的发生和危害的扩大。

事故发生的根源为以违规包装、装载为起点的一系列不合规操作导致的链式风险累积：承运的氯酸钠包装不符合标准，加之事故发生前车辆违规散装运输5号石油焦且存在残留，为行驶过程中产生并累积热量提供了条件。行驶路线海拔落差大，车辆频繁或较长时间制动，为轮胎过热起火埋下隐患。驾驶员违规使用仓栅式车辆运输氯酸钠，使用不具有防火功能的篷布遮盖，使氯酸钠更容易受到外界环境变化的影响，为发生初始爆炸和后续爆炸燃烧提供了便利条件。车辆在禁行时段通过高速公路，驾驶员疲劳驾驶、超速驾驶，停车休息不足，阻碍了货物和轮胎累积热量的释放。运输企业和卫星定位服方没有及时采取措施对车辆运行中驾驶员超速、疲劳驾驶等违法行为进行制止。以上因素共同作用，导致了事故的发生和发展。

（二）暴露出来的突出问题

1. 危险货物包装不合规

氯酸钠没有使用符合标准的安全包装是事故的重要致因。《危险货物运输包装通用技术条件》（GB 12463—2009）规定，用于危险货物包装的编织袋最大净质量为50kg。国家标准《工业氯酸钠》（GB/T 1618—2008）❶规定，工业氯酸钠的包装质量应符合《危险货物运输包装通用技术条件》的规定，每件净含量为25kg或50kg。本事故中货主单位（托运人）是《工业氯酸钠》（GB/T 1618—2008）的主要起草单位之一，却没有执行该标准，使用了吨袋包装，且内部装了1000kg氯酸钠。大量氯酸钠处于同一个包装件内，为运输过程中摩擦、振动产生并不断累积热量提供了有利条件。

2. 车辆与货物运输安全需求不匹配

事故车辆存在非法运营情形，违规使用仓栅式车辆运输易制爆危险化学品，违反了《道路危险货物运输管理规定》中易制爆危险化学品应当使用罐式、厢式专用车辆或压力容器等专用容器进行运输的规定。车辆配备的苫盖篷布和铺垫不具有防火的功能，使运输的氯酸钠更容易受到外界环境变化，尤其是温度变化和火灾的影响，违反了《道路危险货物运输管理规定》。

事故车辆道路运输证的经营范围不包括普通货物，但被用于运输属于普通货物的石油焦，违反了《道路危险货物运输管理规定》。《工业氯酸钠》（GB/T 1618—2008）规定运输车辆装卸工业氯酸钠前后应彻底清扫、洗净，严禁混入有机物、易燃物等杂质。事故车辆违规运输并残留的石油焦成为热量产生的原因。

---

❶ 事故发生时该标准的适用版本为2008年版，最新版本为2018年版。

> **小提示**
>
> **《道路危险货物运输管理规定》相关规定**
>
> 《道路危险货物运输管理规定》第八条规定，申请从事道路危险货物运输经营，应当具备下列条件：
>
> （一）有符合下列要求的专用车辆及设备：
>
> ……
>
> 5.运输剧毒化学品、爆炸品、易制爆危险化学品的，应当配备罐式、厢式专用车辆或者压力容器等专用容器。
>
> ……
>
> 8.配备与运输的危险货物性质相适应的安全防护、环境保护和消防设施设备。
>
> ……

3. 企业对运行中的车辆动态监管存在不足

经提取车辆行驶轨迹，5月22日18时13分至5月23日6时23分，北斗定位系统显示驾驶员疲劳驾驶报警465次，超速报警（100km/h）23次，驾驶员从18时54分至23时16分连续驾驶4h22min。冀晋界驿马岭隧道出口至事故发生地平均速度约为91km/h（该路段限速为70km/h）。驾驶员存在疲劳驾驶、超速驾驶、禁行时段上高速公路通行等违法行为，不仅体现出该驾驶员安全、守法意识不强，也反映出运输企业对在途驾驶员和运输中车辆的安全管理存在严重不足。

> **小提示**
>
> **《道路运输车辆动态监督管理办法》相关规定**
>
> 《道路运输车辆动态监督管理办法》第二十四条规定，道路运输企业应当根据法律法规的相关规定以及车辆行驶道路的

实际情况，按照规定设置监控超速驾驶和疲劳驾驶的限值，以及核定运营线路、区域及夜间行驶时间等，在所属车辆运行期间对车辆和驾驶员进行实时监控和管理。设置超速驾驶和疲劳驾驶的限值，应当符合客运驾驶员24h累计驾驶时间原则上不超过8h、日间连续驾驶不超过4h、夜间连续驾驶不超过2h、每次停车休息时间不少于20min、客运车辆夜间行驶速度不得超过日间限速80%的要求。

《道路运输车辆动态监督管理办法》第二十五条规定，监控人员应当实时分析、处理车辆行驶动态信息，及时提醒驾驶员纠正超速驾驶、疲劳驾驶等违法行为，并记录存档至动态监控台账；对经提醒仍然继续违法驾驶的驾驶员，应当及时向企业安全管理机构报告，安全管理机构应当立即采取措施制止；对拒不执行制止措施仍然继续违法驾驶的，道路运输企业应当及时报告公安机关交通管理部门，并在事后解聘驾驶员。……

4. 隧道环境在客观上扩大了事故危害

爆炸发生在隧道内，隧道壁对空气冲击波和高温气体有一定的约束作用，空气冲击波和高温气体遇到隧道壁后，发生反射、叠加，沿隧道传播距离较远，导致该爆炸造成的破坏范围加大。高速公路隧道空间受限，不利于人员和车辆的逃生，尤其在形成拥堵或隧道结构受损后，更易造成严重后果。

5. 运输企业、货主企业及相关各方安全协同不力

危险货物道路运输涉及的环节多、责任主体多，各相关方未按职责落实好安全主体责任，未形成危险货物运输安全生产合力。部分企业对安全生产的重要性认识不足，执行行业法规标准和企业制度存在"走过场""糊弄事"等现象，侧重于形式上合规，主要用于应付管理部门的检查，没有将安全制度的落实作为提升企业安全

生产效益的内生动力。

在本事故中，运输企业违法配货、非法改装车辆且安全例检不落实，从业人员安全培训走过场，运输过程中人员和车辆安全管理措施不力；货主企业违反包装要求，对不符合运输安全条件的行为不予制止；危险货物运输车辆卫星定位监控服务不规范，管理部门安全监管不到位等问题同时存在，共同作用，最终导致了事故的发生。

（三）有关措施建议

1. 充分重视包装的重要作用，提升包装合规性

包装用于保护危险货物在外界人员、环境和操作发生变化时的性状稳定，也可防止危险货物的危害性传递到外界。科学合规的包装对确保危险货物运输具有关键作用。危险货物种类繁多，特性复杂，需要包装的材质、结构、体积等存在很大差异。国家制定了危险货物运输包装相关技术标准，用以指导运输相关方科学规范开展包装选型和包装操作。随着危险货物道路运输行业的转型升级，包装的作用逐步得到重视，但道路运输领域对包装要求的规范性仍低于民航、海运等领域，存在较大的提升空间。

货主企业应对使用道路运输托运的货物采用与海运等相同的包装标准，严格执行包装技术标准，做好包装的科学选型、合规检测和状态检查，做好与下游运输企业的对接和安全交底工作，确保包装物对货物和下游操作人员起到有效的安全防护作用。

2. 做好车辆合规运用，提高危险货物与车辆的安全匹配程度

危险货物性状、危害等级和防护要求差异大，对其运输车辆的结构、货厢材质及形式、燃料类型、电气装置等提出了差异化的要求。针对部分危害程度极高的货物，交通运输相关法规对车辆选型和运用提出了基本要求，技术标准对车辆与货物的安全匹配提出

了明确、具体和细化的要求。危险货物运输企业应加强对法规和标准的理解，结合具体运输货物的性质，按照相应技术标准的要求科学选购、运用车辆，加强与货主企业的沟通，做好车辆与货物的匹配，提升危险货物运输的本质安全。

3. 用好用足技术手段，提升运输过程安全实时管理水平

近年来，国家出台了系列措施提升对运行中的危险货物运输车辆及驾驶员和押运人员的安全管理能力，主要包括危险货物运输车辆动态监督管理及智能视频监控报警等。危险货物运输车辆动态监管能够使运输企业实时掌握车辆位置、速度、基本运行状态和行驶轨迹等信息，国家建立了相关的技术标准和配套的管理制度，要求运输企业加强车辆动态监管，提高对运行中车辆的安全管理能力。2018年，交通运输部办公厅印发了《关于推广应用智能视频监控报警技术的通知》（交办运〔2018〕115号），在新进入道路运输市场的危险货物运输车辆中推广使用智能视频监控报警技术，该技术能够对驾驶员疲劳驾驶、接打电话等不规范驾驶行为进行识别和报警，减少因不规范驾驶导致的运输安全风险。

本起事故涉及的企业及相关服务提供方若能充分发挥车辆动态监管技术的重要作用，对车辆运行中明显的疲劳驾驶和超速驾驶行为及时识别和处理，或可避免该事故的发生。规范开展车辆动态监管和驾驶员智能视频监控，是经行业实践验证能够提高车辆运行安全的重要举措。建议运输企业加强对上述技术的重视程度，严格落实管理要求，扎实做好运输过程中的异常识别、报警及处理工作，对存在问题的车辆和驾驶员及时予以干预，并认真做好记录台账。

4. 提升危险货物运输车辆通行隧道的服务水平

不同隧道的环境和结构特征差异大，运营和应急水平不一，

对安全风险的承受程度有较大差别，统一采取相同的危险货物运输车辆通行措施既不安全也不科学。各地交通管理部门应综合考虑隧道特点，认真开展风险分析和评估，借鉴国内外先进经验，考虑分时段、分路段、分危险货物类型、分危险货物载质量等，提出差异化的隧道通行危险货物运输测量管控措施，提高隧道的服务水平。

5. 强化危险货物道路运输企业安全制度落实

安全制度，重在落实。经过多年法规和标准引领，在管理部门、运输企业和第三方服务机构的共同努力下，我国危险货物道路运输企业合规经营水平有大幅提升，大部分企业具有与其规模和经营范围基本相适应的安全制度。本案例所涉及的危险货物道路运输企业在落实车辆例检、人员培训、卫星定位监控等制度方面存在较大的不足，导致了事故的发生与发展。

运输企业应将安全规章制度落实作为企业发展的底线和关键保障，充分意识到"规章制度血写成，无须用血再验证"，杜绝"糊弄事""应付检查"等不良作风，提升安全制度落实的主动性，将安全生产要求内化于企业经营的全流程，完成从"管理部门要我安全"到"我要主动确保安全"的思想及行动的转变。

四 案例小结

危险货物道路运输安全生产要素多、环节多、链条长，风险多发且沿生产链条传播和累积，需多参与方、多环节充分做好协同配合，强化对全流程风险的及时识别和干预。在源头上，货主企业应做好危险货物的包装，有效管控货物自身的危害性风险，准确向下游告知货物的危害性和包装要求。在承运环节，运输企业应科学开展车辆选型和车货匹配，强化对运输工具安全装置的配备和安全检查，按标准规范开展车辆运用，加强对运行中的驾驶员和车辆的安全管理和服务能力，对疲劳驾驶、超速行驶及其他不规范驾驶行为进行实时干预。交通运输管理部门和交通基础设施运营方要强化隧道通行管控和隧道的应急救援能力。只有危险货物道路运输全流程相关方齐心协力，做好风险管控和排查，才能斩断风险传播的链条，保障运输全流程的安全。

案例 6　高速公路匝道转弯超速导致危险货物运输罐车侧翻爆炸

——沈海高速公路温岭段"6·13"液化石油气运输槽罐车重大爆炸事故

危险货物运输罐车是危险货物道路运输车辆的主要车型，一旦发生侧翻事故，极易引起货物泄漏、燃烧及爆炸，除造成人员伤亡和财产损失外，还可能会污染环境，阻塞道路交通，造成系列严重后果。2020年6月13日，在沈海高速公路浙江温岭段发生的道路交通事故，是典型的因罐车侧翻导致介质泄漏发生爆燃的重大道路交通事故，造成直接经济损失9477.815万元。

一　事故基本情况

2020年6月13日16时41分许，一辆运输液化石油气的危险货物罐式半挂车行驶至G15沈海高速公路往温州方向温岭西出口互通匝道中段时，因通过弯道路段时未及时减速导致车辆侧翻，罐体与匝道跨线桥混凝土护栏端头碰撞后发生泄漏并引起爆燃，造成20人死亡，175人受伤，附近车辆、道路，以及周边良山村部分民房、厂房不同程度损坏。事故现场情况如图6-1所示，事故过程示意图如图6-2所示。

道路 运输事故 典型案例评析（三）

图6-1　事故现场情况

图6-2　事故过程示意图

在本案例中，危险货物罐式半挂车驾驶员、押运员在事故中死亡；车辆所属道路运输企业被依法吊销道路运输经营许可证；企业法定代表人、经理、安全员、车队长及其他相关企业安全管理人员等7名企业人员被采取刑事强制措施；另有30名公职人员被严肃追责问责。

44

案例6　高速公路匝道转弯超速导致危险货物运输罐车侧翻爆炸

二　事故直接原因

《沈海高速温岭段"6·13"液化石油气运输槽罐车重大爆炸事故调查报告》中认定，事故发生的直接原因是：驾驶员驾驶车辆从限速60km/h路段行驶至限速30km/h的弯道路段时，未及时采取减速措施导致车辆发生侧翻，罐体前封头与跨线桥混凝土护栏端头猛烈撞击，形成破口，在冲击力和罐内压力的作用下罐体快速撕裂、解体，罐体内液化石油气迅速泄漏、汽化、扩散，遇过往机动车产生的火花爆燃，最后发生蒸气云爆炸。

三　事故暴露出的突出问题

（一）事故发生的根源

驾驶员驾驶运输液化石油气的罐车通过弯道路段时未及时采取减速措施，超速过弯导致车辆发生侧翻，继而引发后续罐体碰撞、泄漏及危险货物起火燃爆，是本起事故发生的根源。

> **小提示**
>
> **危险货物运输车辆行驶速度规定**
>
> 《危险货物道路运输安全管理办法》第四十六条规定，危险货物运输车辆在高速公路上行驶速度不得超过80km/h，在其他道路上行驶速度不得超过每60km/h。道路限速标志、标线标明的速度低于上述规定速度的，车辆行驶速度不得高于限速标志、标线标明的速度。

相比于一般车辆，危险货物运输罐车，尤其是运输常压液体危

道路 运输事故 典型案例评析（三）

险货物的罐式半挂车，具有重心高、整车质量大的特点。当罐车制动、加速、转向或变换车道时，罐体内的液态危险货物会出现较大幅度的晃动，如图6-3所示，整车重心位置变化较大，离心力和液体对罐壁的冲击力使罐车产生向外倾翻的趋势，易发生侧滑甚至翻车。

图6-3 罐车内液体晃动示意图

罐式半挂车在行驶时，罐体内液体货物的晃动幅度大小取决于驾驶员的操作情况、货物的充装情况以及路况条件等。驾驶员超速驾驶、疲劳驾驶、操作不当、转向盘转角过大等引发的车辆转向幅度过大是导致罐车侧翻的最重要原因。驾驶员应急能力不足，加剧了事故的严重后果，造成衍生环境危害的扩大。文献研究和行业实践表明，常压罐车充装度在0.6左右时液体晃动最为明显。通过分析罐车侧翻事故原因和特征发现，在道路环境方面，高速公路出入口匝道、急弯陡坡路段和城市道路交叉口是罐车侧翻事故的多发区域。

（二）暴露出来的突出问题

1. 道路运输企业未落实安全生产主体责任

肇事车辆所属公司及其主要负责人无视国家危险货物道路运

输相关法律法规，未落实运输车辆卫星定位动态监管、安全教育管理、电子运单如实上传等安全生产主体责任，存在车辆挂靠经营等违规行为，企业在驾驶员教育培训方面，针对罐车运输的培训和考核不到位。

2. 驾驶员安全驾驶操作水平有待提高

罐车具有较特殊的车辆特征，在高速公路出入口匝道、急弯陡坡路段和城市道路交叉口等易发生侧翻的高风险路段，对驾驶员驾驶水平要求更高。事故反映出驾驶员驾驶罐车的技能不够强，在特殊路段没有结合罐车的特点进行防御性驾驶操作。

（三）有关措施建议

1. 运输企业应加强针对罐车驾驶员、押运员的安全教育和培训

运输企业要根据罐车特征及相关行业标准，建立罐车运输专业知识培训教育制度，对从业人员进行有针对性的岗前培训，要求驾驶员、押运员充分掌握运输危险货物的特性、车辆运行特点、操作技能等知识，考核合格后才能上岗。运输企业要制订日常培训计划，建立罐车单独培训项目，开展安全教育培训及应急演练，强化危险货物运输驾驶员防御性驾驶和应急处置技能培训，切实提高驾驶员对恶劣天气、车辆爆胎、路面湿滑、制动失效、车辆自燃等情况的应急处置能力。

> 💡 **小提示**
>
> **道路危险货物运输企业开展安全教育和培训的相关规定**
>
> 《道路危险货物运输管理规定》第四十五条规定，道路危险货物运输企业或者单位应当通过岗前培训、例会、定期学习等方式，对从业人员进行经常性安全生产、职业道德、业务知

识和操作规程的教育培训。

《道路危险货物运输管理规定》第四十六条规定，道路危险货物运输企业或者单位应当加强安全生产管理，制定突发事件应急预案，配备应急救援人员和必要的应急救援器材、设备，并定期组织应急救援演练，严格落实各项安全制度。

2. 驾驶员应提高运输过程中的安全驾驶意识

开展运输作业前，道路运输企业应当确保从事危险货物道路运输的驾驶员、押运员取得相应的从业资格证。驾驶员身体状况良好，且对所承运货物的危险特性、罐体设备及应急消防设备使用方法有一定了解，并随车携带"道路危险货物运输安全卡"。运输易燃易爆、剧毒、腐蚀危险化学品的车辆要严格按照公安机关批准的时间、路线行驶，不得随意变更。在运输作业中，驾驶员应当按照预先计划的路线行驶，远离城镇、居民区，不进入危险化学品运输车辆禁止通行区域。要与前方车辆保持安全行车间距并保持安全行车速度，在高速公路上行驶速度不得超过80km/h，在其他道路上行驶速度不得超过60km/h，在夜间、雨雾冰雪天气、国省道平交路口、急弯陡坡和高速公路出入口匝道等行车条件下要注意观察，及时降速行驶，并加大行车间隔距离。此外，驾驶员要注意观察车辆技术状况，发现异常应及时安全停车检查，确保紧急切断阀处于关闭状态，阀门无渗漏。

3. 危险货物运输罐车泄漏后的应急处置

在危险货物运输过程中，一旦发生事故或突发事件，驾驶员和押运人员应在安全可行的情况下采取如下措施：

（1）制动，通过总开关关闭发动机和隔离电池（源）；

（2）避免火源，特别禁止吸烟，同时禁止使用电子香烟（或相似设备），禁止打开任何电子设备；

（3）向相关主管部门报告，尽可能多地提供关于事故或突发事件的信息、运输的货物信息；

（4）穿上警示背心，并在恰当的地方放置自立式警示标志；

（5）备好运输单据，以便救援人员及时获取有关信息；

（6）不应走近或碰触泄漏的危险货物，不应站在下风口；

（7）在安全可行情况下，使用灭火器扑灭轮胎、制动系统和发动机的小火或初始火源；

（8）不可处理装载间（货箱）的火源；

（9）在安全可行情况下，使用随车工具阻止物质渗漏到水生环境或下水道系统中，收集泄漏危险货物；

（10）撤离事故或突发事件现场，建议其他人员撤离并听从应急救援人员的建议；

（11）脱掉被污染的衣物，取下已使用且被污染的防护设备，并对其进行安全处理。

四、案例小结

危险货物运输罐车由于自身特点，叠加驾驶员超速驾驶，安全风险急剧增大，容易引发车辆侧翻事故。管理部门应当完善危险货物道路运输安全防控体系建设，建立技防、物防、人防相结合的安全保障体系。为此，提出以下建议。

（1）运输企业和驾驶员要提高对罐车安全的重视程度，建立有针对性的从业人员技能教育培训制度，切实提升驾驶员驾驶操作和应急处置能力。

（2）危险货物运输罐车应采用主动防侧翻技术，如液压互联悬架系统、防侧翻预警及速度控制系统以及主动控制悬架系统等先进技术。

（3）在桥梁、隧道、弯道等重点路段，推广使用基于车路协同的危险状态预警及速度主动控制技术。

（4）行驶线路相对固定的危险货物运输罐车，其道路运输卫星定位系统的车载终端采用嵌入式地图，并标注风险地段速度限值，实现主动限速。

案例 7 未洗消罐车充装新介质发生化学反应燃爆

——山东滨州高新区"8·7"较大危险化学品违法运输事故

我国是危险化学品、爆炸物品、放射性物品等危险物品的生产和使用大国。由于产销分离、生产区域分布不均衡等原因，这些危险物品95%以上都需要异地运输。危险货物具有易燃、易爆等特性，加上道路运输环境较为复杂，存在重大安全风险。道路危险货物运输车辆一旦发生事故，往往波及范围广、污染重，严重威胁人民群众生命财产安全。2017年8月7日，山东滨州高新区发生一起危险化学品运输罐车爆炸的较大道路交通事故，造成直接经济损失约1100万元。

一 事故基本情况

2017年8月7日13时46分许，一辆装载危险货物（过氧化二叔丁基）的罐车行驶至滨州高新区辖区内205国道与高新区新四路交叉口以北约50m处时，车辆罐体突然发生爆炸，爆炸迅速波及周边车辆，导致周边车辆起火，事故造成南北方向8辆汽车和2辆电动三轮车、1辆摩托车、1辆电动自行车和1辆自行车不同程度受损，造成3人当场死亡、13人受伤，事故现场情况如图7-1所示，事故模拟示意图如图7-2所示。

道路 运输事故 典型案例评析（三）

图7-1　事故现场情况

图7-2　事故模拟示意图

此次事故共有26人被问责，12名县级以上干部被处罚。

小知识

危险物品肇事罪相关规定

《中华人民共和国刑法》第一百三十六条规定，违反爆炸性、易燃性、放射性、毒害性、腐蚀性物品的管理规定，在生产、储存、运输、使用中发生重大事故，造成严重后果的，处3年以下有期徒刑或者拘役；后果特别严重的，处3年以上7年以下有期徒刑。

二 事故直接原因

《滨州高新区"8·7"较大危化品违法运输事故调查报告》中认定，运输企业所属的危化品运输罐车未清洗罐体，直接超资质违规装载、运输过氧化二叔丁基，过氧化二叔丁基与罐内残留的甲基叔丁基醚发生化学反应，是引发运输车辆罐体爆炸的直接原因。爆炸产生的高温和飞溅的有机物引燃相邻的其他车辆，导致事故伤亡损失扩大。

三 事故暴露出的突出问题

本起事故暴露出危险货物装卸及运输过程安全管理缺失，存在巨大安全隐患，同时还暴露出相关管理部门在资质审查、行业监管方面有待进一步加强。

（一）事故发生的根源

肇事车辆在运输甲基叔丁基醚后，未经危害消除或清洗置换，又违规运输过氧化二叔丁基。由于运输环境气温高达34℃左右，车辆长途运输过程中存在颠簸、物料振荡、危险化学品与罐壁摩擦等因素，过氧化二叔丁基首先与罐内残留的甲基叔丁基醚混合发生分解放热化学反应，继而在上述条件下自身急剧分解也发生放热化学反应，致使罐体内气相空间压力逐渐增大，最终发生爆炸，以上是发生本起事故的根源。

小知识

二叔丁基过氧化物化学性质及储运要求

二叔丁基过氧化物，又称过氧化二叔丁基（UN3107），属第5类危险货物，是一种有机化合物，为无色液体，能与苯、石油醚等有机溶剂混溶，不溶于水，主要用于合成树脂引发剂、光聚合敏化剂、橡胶硫化剂、柴油点火促进剂及其他有机物。

二叔丁基过氧化物属于强氧化剂，极易与许多其他物质发生反应，储存时能形成不稳定和危险的过氧化物，当受热、摩擦或接触还原剂、硫氰酸盐、有机物、可燃物或受到污染时可引起爆炸。运输时应采用聚乙烯桶包装并单独装运，避免颠簸震荡，包装桶上应有安全泄压盖，如图7-3所示。夏季应早晚运输，防止日光暴晒。禁止与其配装的物品有：还原剂、酸类、碱类、易燃物、自燃物、有机物等。

图7-3 二叔丁基过氧化物正确运输包装示意图

（二）暴露出来的突出问题

1. 运输企业违规装载运输

运输企业对融资经营危化品运输的车辆疏于管理，日常安全管理责任落实不到位，存在驾驶员、押运员在对车辆运输资质范围不清楚的情况下超资质违规装载、运输危险货物的行为。

2. 危化品装卸和购销环节管理混乱

危化品生产企业装卸环节安全管理缺失，日常安全教育培训流于形式，未就所生产的危化品对相关人员进行安全教育和培训，也未正确采用符合安全技术要求的包装，未对运输车辆进行资质审查。危化品中间供应商超范围经营，违规托运且托运环节安全管理缺失。危化品需求方在供应商资质预审、签订采购合同等方面失管失控。

> **小提示**
>
> **重大责任事故罪相关规定**
>
> 《中华人民共和国刑法》第一百三十四条规定，在生产、作业中违反有关安全管理的规定，因而发生重大伤亡事故或者造成其他严重后果的，处3年以下有期徒刑或者拘役；情节特别恶劣的，处3年以上7年以下有期徒刑。强令他人违章冒险作业，或者明知存在重大事故隐患而不排除，仍冒险组织作业，因而发生重大伤亡事故或者造成其他严重后果的，处5年以下有期徒刑或者拘役；情节特别恶劣的，处5年以上有期徒刑。
>
> 《中华人民共和国刑法》第一百三十四条之一规定，在生产、作业中违反有关安全管理的规定，有下列情形之一，具有发生重大伤亡事故或者其他严重后果的现实危险的，处1年以

下有期徒刑、拘役或者管制：

（1）关闭、破坏直接关系生产安全的监控、报警、防护、救生设备、设施，或者篡改、隐瞒、销毁其相关数据、信息的；

（2）因存在重大事故隐患被依法责令停产停业、停止施工、停止使用有关设备、设施、场所或者立即采取排除危险的整改措施，而拒不执行的；

（3）涉及安全生产的事项未经依法批准或者许可，擅自从事矿山开采、金属冶炼、建筑施工，以及危险物品生产、经营、储存等高度危险的生产作业活动的。

（三）有关措施建议

1. 危险货物运输罐车清洗安全作业

危险货物运输罐车在结束运输作业后，应及时进行清洗消毒处理。在清洗消毒时，应注意危化品的性质，掌握清洗消毒方法知识，防止污染、交叉反应或引起中毒等事故。危险货物运输罐车清洗是典型的受限空间作业，罐体结构复杂，内部有多道防波板，作业条件差。

在危险货物运输罐车清洗过程中发生的事故较为频繁、社会影响大、教训极其惨痛，事故的发生暴露出在车辆清洗检修过程中存在的中毒、窒息、高坠等突出安全风险隐患，也暴露出相关企业对危险化学品运输罐车的管理制度存在漏洞、罐体清洗从业人员安全风险意识不足、罐体清洗企业应急处置培训和教育不到位等问题。

清洗危险货物运输罐车应选择具有相应资质的罐体清洗公司，进行罐体清洗前，应当提供最近装运的货运单，如罐体内运输介质品种不明确，应提供介质化验报告。罐体清洗公司在清洗过程中需要有专人进行监护，清洗作业前做好通风检测，无关人员禁止入场；清洗场地设置警示标识和配备必要的应急防护设备，严禁私自清洗或找普通洗车店清洗。

2. 货物与罐体材质及设计代码匹配

运输易燃、易爆、毒害性等液体类危化品一般采用罐式专用车辆，危险货物运输罐车所装货物介质性质必须与罐体材质相适应，如：硝酸应用铝槽，废硝酸应用玻璃钢和不锈钢。须按照罐体设计代码与货物介质的对应关系选择相应罐体，具体见《道路运输液体危险货物罐式车辆　第1部分：金属常压罐体技术要求》（GB 18564.1—2019）附录A中的表A.2。罐体的横截面一般宜采用圆形，充装毒性程度为极度、高度危害介质或液压试验压力≥0.4MPa的罐体应采用圆形截面；充装其他介质，且液压试验压力<0.4MPa的罐体应采用圆形、椭圆形或带有一定曲率的凸多边形截面。典型危险货物运输车辆外观如图7-4所示。

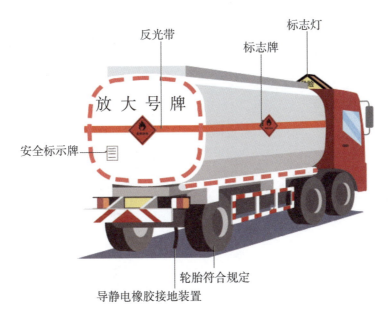

图7-4　典型危险货物运输车辆外观标识

道路运输事故典型案例评析(三)

> 💡 **小提示**

危险货物道路运输车辆标志相关规定

《危险货物道路运输安全管理办法》第二十六条规定,危险货物道路运输车辆驾驶员、押运人员在起运前,应当检查确认危险货物运输车辆按照现行《道路运输危险货物车辆标志》(GB 13392)要求安装、悬挂标志。运输爆炸品和剧毒化学品的,还应当检查确认车辆安装、粘贴符合现行《道路运输爆炸品和剧毒化学品车辆安全技术条件》(GB 20300)要求的安全标示牌。

根据《危险货物道路运输规则 第5部分:托运要求》(JT/T 617.5—2018)要求,车辆标志牌中的菱形标志牌,外形为菱形,用于标识运输对象危险特性的标志牌,喷涂或固定(粘贴、悬挂)于运输单元上,标明所载危险货物的主要和次要危险性。各类危险货物的菱形标志牌、危险特性及有关防护措施见表7-1。

菱形标志牌危险特性及防护措施建议列表 表7-1

菱形标志牌	危险特性	防护措施建议
爆炸品 1 1.5 1.6	可能产生一系列的反应和影响(如大规模爆炸、碎片迸射、由火源或热源产生强烈的反应、发出强光、产生大量的噪声或烟雾);对撞击和/或冲击和/或热敏敏感	利用掩护物躲避,并远离窗口
爆炸品 1.4	发生爆炸和火灾的轻度危险性	躲藏

案例7　未洗消罐车充装新介质发生化学反应燃爆

续上表

菱形标志牌	危险特性	防护措施建议
易燃气体 2.1	火灾危险； 爆炸危险； 可能产生压力； 窒息危险； 可能引起燃烧和/或冻伤； 受热时装置可能爆炸	躲藏； 禁止进入低地势区域
非易燃无毒气体 2.2	窒息危险； 可能产生压力； 可能引起冻伤； 受热时装置可能爆炸	利用掩护物躲避； 禁止进入低地势区域
毒性气体 2.3	中毒危险； 可能产生压力； 可能引起燃烧和/或冻伤； 受热时装置可能爆炸	使用应急逃生面具； 躲藏； 禁止进入低地势区域
易燃液体 3	火灾危险； 爆炸危险； 受热时装置可能爆炸	躲藏； 禁止进入低地势区域
易燃固体，自反应物质和固态退敏爆炸品 4.1	火灾危险； 易燃或可燃物，可能通过受热、火花或火焰点燃； 在加热或与其他物质（如酸、重金属混合物或动物）接触时，含有易于受热分解的自反应物质，这将产生有害和易燃气体或液体，或自燃物质； 受热时装置有爆炸危险； 缺少退敏剂时，有机过氧化物有爆炸危险	

续上表

菱形标志牌	危险特性	防护措施建议
易于自燃的物质 4.2	如果包件被损坏或内装物溢出，通过自燃产生火灾危险；遇水可能产生剧烈反应	
遇水放出易燃气体的物质 4.3	遇水产生火灾和爆炸的危险	通过遮盖溢出物，保持溢出物质干燥
氧化性物质 5.1	遇易燃物质产生剧烈反应；着火和爆炸危险	避免与易燃或可燃物质（如锯屑）混合
有机过氧化物 5.2	高温下，与其他物质（如酸、重金属混合物或动物）接触、摩擦或震动，有放热分解的风险；可能产生有害和易燃气体或蒸气，或自燃物质	避免与易燃或可燃物质（如锯屑）混合
毒性物质 6.1	通过吸入、皮肤接触或摄入等方式有中毒危险；对水生环境或污水排水系统有危害	使用应急逃生面具
感染性物质 6.2	感染风险；可能引起人类或动物的严重疾病；对水生环境或污水排水系统有危害	

续上表

菱形标志牌	危险特性	防护措施建议
放射性物质 7A 7B 7C 7D	有吸入及外辐射风险	限制暴露时间
可裂变物质 7E	核裂变危险	
腐蚀性物质 8	腐蚀的灼伤危险； 遇水和其他物质，彼此会发生剧烈反应； 溢出物质可以形成腐蚀性液化气； 对水生环境或污水排水系统有危害	
杂项危险物质和物品 9	灼伤危险； 火灾危险； 爆炸危险； 对水生环境或污水排水系统有危害	

注：1. 对于具有多种危险性并混合装载的危险货物，每一适用条目都应满足。
2. 上述内容随着运输的危险货物类别和运输方式不同可能有所差异。

3. 督促危化品企业落实主体责任

危化品企业应建立和执行危化品发货和装载查验、登记、核准等制度，严格按照提货单据载明的品种、数量和对应的车辆实施装

道路运输事故典型案例评析（三）

载，并分别与运输单位负责人和驾驶员签订安全责任书，落实运输责任。严格查处危化品企业对运输车辆进行非法改装、租赁院落、在停车场乱停乱放等违法行为。

小知识

危险货物运输事故现场应急处置措施

在危险货物道路运输过程中一旦发生交通事故等突发事件，驾驶员、押运员需在安全可行的情况下采取力所能及的救援措施，通常可采取以下应急处置措施：

（1）立即选择安全区域停车，关闭点火开关、电源总开关，切断整车电路。

（2）避免使用火源。如吸烟、打开电子设备等动作可能产生火花。

（3）根据应急预案的要求，向事故发生地公安机关交通管理部门、应急管理部门、交通运输主管部门、生态环境管理部门和本企业等相关主管部门报告，并提供所需信息。

（4）穿上反光背心，并按相关要求设置危险警告标志。

（5）备好运输单据（托运清单、运单、安全卡），以便救援人员获取有关信息。

（6）不要走近或碰触泄漏的危险货物，不要站在下风口，以免吸入废气、烟雾、粉剂和蒸气。

（7）在安全可行情况下，使用灭火器扑灭轮胎、制动系统、发动机的小火或初始火源。

（8）在安全可行情况下，使用随车工具阻止危险货物渗漏到水生环境（如池塘、沼泽、沟渠等）或下水道系统中，并收集泄漏的危险货物。

案例7　未洗消罐车充装新介质发生化学反应燃爆

（9）撤离事故现场，听从救援人员的指挥，组织其他人员撤离事故现场。

（10）脱掉被污染的衣物，以及取下已使用且被污染的防护设备，并将其安全处理。

四　案例小结

危险货物道路运输危险性大、注意事项多，对运输车辆和从业人员要求很高。需要危险货物运输企业严格履行安全生产主体责任，加大安全投入，切实做好车辆技术状况的维护和检测工作，并加强从业人员资质管理。此外，还需遵守危险货物托运、充装、运输等环节的安全操作要求，强化危险货物道路运输全链条安全管理，切实提高危险货物道路运输安全管理水平，坚决遏制重特大事故发生。

小提示

危险货物托运人与承运人的相关职责

《危险货物道路运输安全管理办法》第十条规定，托运人应当按照现行《危险货物道路运输规则》（JT/T 617）确定危险货物的类别、项别、品名、编号，遵守相关特殊规定要求。需要添加抑制剂或者稳定剂的，托运人应当按照规定添加，并将有关情况告知承运人。

《危险货物道路运输安全管理办法》第十一条规定，托运人不得在托运的普通货物中违规夹带危险货物，或者将危险货物匿报、谎报为普通货物托运。

《危险货物道路运输安全管理办法》第十二条规定，托运人应当按照现行《危险货物道路运输规则》（JT/T 617）妥善包装危险货物，并在外包装设置相应的危险货物标志。

　　《危险货物道路运输安全管理办法》第二十五条规定，危险货物承运人在运输前，应当对运输车辆、罐式车辆罐体、可移动罐柜、罐式集装箱（简称"罐箱"）及相关设备的技术状况，以及卫星定位装置进行检查并做好记录，对驾驶员、押运员进行运输安全告知。

案例 8 重型货车长下坡路段制动失效引发多车碰撞

——兰海高速公路兰临段"11·3"重大道路交通事故

近年来,在长下坡路段,因重型货车制动失效造成的道路交通事故屡见不鲜,严重威胁着人民群众生命财产安全。2018年11月3日19时21分许,G75兰海高速公路兰临段兰州南收费站发生一起重型货车制动失效的重大道路交通事故。

一 事故基本情况

2018年11月3日,驾驶员李某驾驶一辆装载履带起重机副臂上节臂等零部件及货物搬运车的重型货车,从甘肃临夏州前往辽宁盘锦市。18时27分许,车辆由康临高速公路驶入G75兰海高速公路。在驶出新七道梁隧道后,车辆开始升挡加速。在通过距隧道口约5km的第二个避险车道时,车速达到98km/h,驾驶员连续制动6s,车速降至89km/h,随后驾驶员松开制动踏板。在通过距隧道口6.6km的第三个避险车道时车速又升至98km/h,之后26s驾驶员未采取制动措施,当车速达到100km/h后驾驶员连续制动9s,车速降至94km/h,此时驾驶员发现制动气压不足,车辆处于制动系统失效状态;4s后车速升至97km/h,驾驶员又连续制动7s后,经过距隧道口8km的第四个避险车道时,车速上升至103km/h,车辆失控。在通过距隧道口10.8km的第五个避险车道时车速达到114km/h。车辆继续向前行驶1.2km后,于19时21分37秒以116km/h的速度与兰州南收费广场内正在行驶的一辆重型仓栅式货车发生碰撞,随后连续与另外13辆车直接碰撞,并导致周围18辆车相互碰撞。碰撞后,车辆装载的货物全部甩出,其中起重机副臂上节臂直接砸中一辆五菱牌小型普通客车(核载7人),造成小型普通客车内10人死亡,最终事故共造成15人死亡,45人不同程度受伤。事故现场情况如图8-1所示。

图8-1 事故现场情况

责任认定:4人被司法机关采取措施,4人被追究刑事责任,2人被处以行政处罚,14人被给予政务处分,6个单位被给予行政处罚。

二 事故直接原因

《甘肃省应急管理厅关于G75兰海高速兰临段"11·3"重大道路交通事故调查报告》中认定,事故发生的直接原因是:驾驶员李某驾驶制动系统不符合安全技术标准且制动储气筒接头处有漏气隐患的重型货车驶入事发长下坡路段,驾驶员李某未按交通标志提示采用低挡低速行驶,而是超速行驶且频繁制动,致使牵引车及挂车制动器发热，整车制动距离加大，制动系统失效。同时，驾驶员临危处置不当，从发现制动失效至事故发生行驶约10km，经过4处避险车道均未驶入避险，也未采取报警求助等其他应急处置措施。

三、事故暴露出的突出问题

（一）事故发生的根源

究其原因，驾驶员李某安全意识薄弱且临危处置不当、车辆带病上路、运输企业存在安全管理缺陷以及车辆安全技术检验机构检测把关不严等是事故发生的根源。

（二）暴露出来的突出问题

1. 驾驶员安全意识薄弱且临危处置不当

在本起事故案例中，驾驶员李某未按交通标志提示采用低挡低速行驶，而是违法超速驾驶。驾驶员频繁制动，致使牵引车及挂车制动器发热，整车制动距离加大，制动系统失效，表明其操作技能不符合要求。驾驶员临危处置不当，从发现制动失效至事故发生行驶约10km，经过4处避险车道均未驶入避险，也未采取报警求助等其他应急处置措施。

2. 车辆带病上路

在本起事故案例中，半挂车制动系统不符合车辆运行安全技术条件的相关要求，制动储气筒接头处有漏气隐患，车辆带病上路。

3. 车路不匹配问题

近年来，我国交通建设与公路运输事业的快速发展，建设重心开始从平原微丘区向山岭重丘区转变，四级公路的占比从2011年的63%增加至2020年的72.8%。同时，道路货物运输发展朝快捷化、长途重载方向发展，而重型货车整体性能不高，例如：高速公路货运代表性车型（六轴半挂式铰接列车）的综合性能不适应山区高速公路纵坡条件和要求，车辆"上不去、下不来"，反映出在道路运输中存在"车路不匹配"的问题。

4. 道路环境缺陷

在本起事故案例中，事发路段以七道梁为界呈南高北低地势，自新七道梁隧道出口至收费站为12.19km连续长下坡，平均坡度3.83%，最大纵坡5.8%，隧道段纵坡2.11%。自2004年底建成通车后，该路段发生多起交通事故，属于危险路段。兰州南收费站处于坡下终点位置，容易造成车辆冲撞问题，当车辆在收费站排队时，在一定程度上减小了紧急情况下的避险时间和距离。兰州南收费站为收费广场设置了10个收费车道，其中，有4个入口车道，6个出口车道。兰州南收费站监控视频显示，事发时出口方向为4个人工收费车道和2个ETC通道。10个收费车道仅有2个ETC通道，收费技术不高导致车辆拥堵延伸到主路上，加大了被冲撞的风险。在本起事故案例中，肇事车辆为辽宁籍车辆，一定程度上存在对道路不熟悉的情况，从另一个角度来看，道路的应急设施未发挥应有的作用。

5. 运输企业安全管理问题

在本起事故案例中，肇事半挂车为非法拼装半挂裸车，2014年车主购买后未办理车辆入户手续及营运手续，2017年，车主非法购买挂车号牌及相关手续，并将吉林的号牌悬挂于该半挂车。吉林某物流有限责任公司在明知挂靠车辆注册登记手续被肇事挂车非法使用的情况下，仍为其办理年度检测所需手续，在其挂靠车辆先后4次变更实际所有人的过程中，对挂靠经营者不进行实车交易，只买卖车辆号牌和行驶证、道路运输证等手续的违法行为放任不管，不掌握注册登记的原始车辆去向。海南某物流有限公司选派现场装货员前往发货地监督承运货物装载捆绑情况，现场装货员未严格审查车辆核定载荷，导致超重装载，现场装货员未按照该公司制定的岗位职责监督货物紧固，违规采用棕绳捆绑，现场装货员将紧固完成的承运货物照片发回公司审核，该公司长沙分公司在收到货物照片后未履行职责，未对货物紧固情况进行审核把关，导致在事故发生时，在肇事车辆未倾倒的情况下，紧固棕绳断裂，所载货物甩出并砸中小型普通客车，造成12人当场死亡。

6. 车辆安全技术检验机构检测把关问题

在本起事故案例中，吉林某机动车检测有限公司、辽宁某机动车检测有限责任公司对肇事半挂车进行年检时，工作人员未严格按照要求认真比对查验车辆，未发现肇事半挂车车身悬挂"徐州易达交通运输设备有限公司"标牌与登记的"陕西牌"车辆不一致的明显问题，未对肇事半挂车留存大架号与车身大架号进行比对，未发现被检车辆系不符合安全标准的非法拼装车辆。

（三）有关措施建议

1. 加强道路安全提示警告，全力引导驾驶员安全行车

充分利用道路标志标线技术，细化提示警告方法，积极引导驾驶员安全驾驶。在容易发生制动系统过热的路段，设置醒目和容易使用的降温区和检查区，强制车辆降温；在紧急避险车道前方适当位置应设置醒目的避险车道标志。

2. 加强车辆本质安全

按照《道路运输达标车辆核查工作规范》的要求，严格把关新进入道路运输市场的车辆，确保相关车辆符合安全技术标准，从源头上提高道路运输车辆本质安全水平。积极推动营运货车按照《营运货车安全技术条件　第2部分：牵引车辆与挂车》（JT/T 1178.2—2019）的要求，在最高车速大于或等于90km/h的牵引车与挂车安装电子制动系统、自动紧急制动系统、缓速器、轮胎气压监测系统

等，采用油箱阻隔防爆技术，转向轮安装盘式制动器，全力提升车辆本质安全的可靠性。

3. 强化营运货车安全源头管控

按照工信部等四部门联合印发的《关于开展货车非法改装专项整治工作的通知》的要求，加大对货车生产改装企业的摸排整治，加强对货车维修企业从事非法改装行为的排查治理，加大对非法改装"黑窝点"的排查整治，从源头上震慑和遏制非法生产、销售、改装拼装机动车行为。严厉打击非法买卖货运车辆相关手续交易、不进行实车交易的违法行为。

4. 严格落实道路运输企业安全生产主体责任

道路运输企业要建立和完善安全生产责任体系，严格落实道路货物运输企业主要负责人是安全生产第一责任人制度，进一步完善和健全安全生产监管工作机制和相关管理制度，加强对风险源的辨识和管控，以及对隐患的排查、排序和排除，认真梳理道路货物运输车辆的维修、栓固装载等关键环节的安全风险和隐患，实现即知即改和彻查彻改。

四 案例小结

长下坡重型货车制动失效对于道路运输安全生产可谓是"顽疾"，涉及驾驶员安全操作技能、应急处置能力、车辆本质安全、车辆安全检查、道路设计、基础设施设置、安全管理等多个方面。交通运输、工信、公安、市场监督管理等部门要协同联动、信息共享和协作执法，严把车辆准入、驾驶员从业资格、企业相关人员聘用、道路安全隐患排查治理、巡视巡检等关键环节，切实保障各运输要素的安全可控，为道路运输安全生产打牢基础保障。

车轮脱落引发多车碰撞

——沈海高速公路盐城段"4·4"重大道路交通事故

由车轮脱落、备胎掉落事件引发的安全生产事故屡见不鲜，给道路运输安全生产带来隐患。究其缘由，车辆安全隐患未及时消除、驾驶员安全意识不强等往往是产生安全问题的深层次原因。2021年4月4日，沈海高速公路江苏盐城段发生一起由车轮脱落引发多车碰撞的重大道路交通事故，造成11人死亡、19人受伤。

一 事故基本情况

2021年4月4日0时30分许，李某驾驶河北籍重型半挂汽车列车沿沈海高速公路第三车道由北向南行驶至897km+700m处路段，挂车中轴右外侧车轮脱落在道路上。0时48分17秒，董某驾驶辽宁籍重型半挂汽车列车由北向南行驶至该路段，向左转向避让遗留在道路上的车轮未成功，在碰撞、碾压该车轮后，车辆失控，冲破中央隔离护栏，越过中央隔离带冲入对向车道，与对向第一车道内李某驾驶的由南向北行驶的大型普通客车相撞。随后，在第二车道内冯某驾驶的由南向北行驶的河北籍重型半挂汽车列车与该大型普通客车发生碰撞。紧接着，因避让应急车道内停驶的故障重型货车，杨某驾驶山东籍重型半挂汽车列车由南向北行驶由第三车道变更进入第二车道内，追尾撞击冯某驾驶的河北籍重型半挂汽车列车。该起事故共造成11人死亡，19人受伤。事故现场情况如图9-1所示。

图9-1　事故现场情况

此事故中涉及的肇事车辆驾驶员、车主、企业管理人员等13人被依法处理，违法行为涉嫌犯罪的，被依法移送司法机关。

二　事故直接原因

《沈海高速盐城段"4·4"重大道路交通事故调查报告》中认定，事故发生的直接原因是：河北籍驾驶员李某在明知重型半挂汽车列车挂车中轴右外侧车轮缺失一个轮毂螺栓的情况下仍驾车上道路行驶，导致该车轮在行驶途中脱落于路面。辽宁籍重型半挂汽车列车的牵引车右前轮制动失效，驾驶员董某在驾车行驶时对路面情况疏于观察，在周边无其他车辆且避险空间充足的情况下采取措施不当，导致车辆失控，碰撞并冲破中央隔离护栏后侵入对向车道。

三 事故暴露出来的突出问题

本起事故暴露出驾驶员对车辆维护、出车前安全检查不到位，运输企业安全生产主体责任落实不到位、未能及时消除车辆的安全隐患、对驾驶员的管理不到位等问题。

（一）事故发生的根源

轮毂螺栓是车桥与车轮连接的紧固件，用于轮毂与轮辋的连接，通过车轮螺母将车轮总成固定在车桥上，使车轮实现承载和传递动力的作用，在汽车行驶过程中，如果轮毂螺栓松动、变形、折断会导致车轮脱落。在车辆行驶过程中，如果驾驶员存在超载、超速等违法行为或遇路面不平情况，会加速车轮的脱落。车轮掉落会造成自身车辆操控稳定性变差，也会造成后方车辆不得已紧急避让。在本起事故中，驾驶员李某在明知重型半挂汽车列车挂车中轴右外侧车轮缺失一个轮毂螺栓的情况下仍驾车上道路行驶，导致该车轮在行驶途中脱落于路面。因此，本起事故的根源为驾驶有安全隐患的机动车上路行驶。

（二）暴露出的问题

1. 驾驶员安全意识问题

本起事故中，驾驶员李某在明知轮毂螺栓缺失的情况下冒险驾车上路，安全意识严重缺失。

2. 企业安全管理失职

在本起事故中，河北籍重型半挂汽车列车非法改装、中轴右侧轮毂螺栓早期缺损，企业未及时修理，未及时消除车辆安全隐患；企业对驾驶员管理缺失，未及时督促驾驶员做好对车辆的日常维护和检查，未能杜绝车辆"带病"上路。

3. 对轮胎脱落的及时感知能力有待加强

在本起事故中，河北籍重型半挂汽车列车在 0 时 30 分遗落车轮，驾驶员未能及时发现，随后辽宁籍重型半挂汽车列车 0 时 48 分避让不及后失控，前后共计18min，遗留在路面上的车轮未被移出，反映出驾驶员对轮胎脱落情况不了解及管理部门对路面异物的感知能力不强等问题。

（三）有关措施建议

1. 加强出车前的安全检查

驾驶员要做好车辆的定期维护，在行车上路前，尤其是长途运输前，要做好安全检查工作。目测车轮螺栓、螺母是否齐全、紧固，检查轮胎花纹，测量轮胎气压。

2. 企业发挥好安全主体责任

运输企业要加强对车辆安全隐患的检查和消除，严格落实安全主体责任，严格遵守交通安全和道路运输有关法律法规，加强驾驶员安全教育，督促驾驶员做好出车前安全检查、装货检查以及行车检查等。

3. 加强对车轮脱落监测技术的研发

推动车轮脱落报警装置、视频监控装置的研发与推广应用，确保车轮掉落后驾驶员能够第一时间了解情况。加强高速公路路面障碍感知技术研究运用，进一步提高道路管理部门对路面异物的感知能力，确保第一时间清理障碍物，及时消除道路交通安全隐患。

小知识

如何预防车轮掉落？

车轮脱落影响自身行车稳定性的同时也影响其他车辆安全行车，驾驶员应加强定期车轮检查、合规使用，确保车辆机件符合安全运营的要求。

（1）驾驶员要做好车辆的定期维护，轮胎有一定的使用寿命，需根据行驶里程和胎面磨损情况及时更换，平时要检查车轮的螺栓、螺母是否齐全、完好、紧固，避免出现生锈、破损。目测车轮螺母处突出的尺度是否一致，如果出现参差不齐的情况，则有可能为螺母松动或螺栓折断；日常检查轮胎胎体，测量胎压；定期更换经过国家质量认证的合格轮胎。

（2）行车时应该按照规定行驶，不要超载、超速，若载质量大于车辆规定最大值或行驶速度大于车辆规定最高速度，螺栓承受力矩过大，会加快螺栓松动和损坏，从而可能使得车轮脱落，造成车辆翻车、碰撞等事故。同时，还要提高自身驾驶经验和技能，遇到危险时能采取正确、有效的避让措施。

四 案例小结

车轮掉落问题严重影响行车安全，形成较大的安全隐患，给人民生命财产带来损失。道路运输企业要切实履行安全生产主体责任，将安全生产作为头等大事常抓不懈，宁可"万无一失"，不可"一失万无"；根据企业实际情况，采取有效措施，抓牢抓好车辆安全技术管理、驾驶员安全操作技能提升、驾驶员安全意识教育，加强行车前安全风险研判和对驾驶员的安全告知，抓好车辆动态监控、日常安全隐患排查治理等关键环节，将企业安全管理工作做实做细，确保营运车辆在控、可控、能控，为道路运输安全生产提供基础保障。

案例 10　公路隧道汽车列车火灾事故

——沈海高速公路猫狸岭隧道"8·27"较大道路交通事故

隧道火灾事故具有火势蔓延迅速、升温快、烟雾扩散快、事故疏散逃生困难、容易造成次生灾害的特征。公路隧道一旦发生火灾，不仅容易造成人员伤亡、车辆损毁、隧道破坏，还易引起交通长时间中断，造成重大损失。如2019年8月27日，G15沈海高速公路猫狸岭隧道发生一起较大汽车列车火灾事故。

一　事故基本情况

2019年8月27日18时22分，驾驶员秦某驾驶装载聚氨酯合成革的汽车列车驶入G15沈海高速公路猫狸岭隧道。18时24分许，挂车左侧第四轴内侧轮胎爆胎，18时25分挂车第五轴右侧轮胎起火燃烧，18时26分驾驶员将车辆停靠在慢速车道（距隧道入口约1775m，距出口约1810m处）。驾驶员下车察看车辆情况，随后车辆装载的聚氨酯合成革迅速燃烧，火势向行车方向快速蔓延，并释放大量有毒烟气，最终造成隧道内滞留人员及救援人员5人死亡、31人受伤。事故现场情况如图10-1所示。

案例⑩　公路隧道汽车列车火灾事故

图10-1　事故现场情况

二　事故直接原因

《G15沈海高速猫狸岭隧道"8·27"较大货车起火事故调查报告》中认定，事故发生的直接原因是：汽车列车在行驶过程中第五轴右侧制动器处于拖滞、卡滞状态，导致整个车轮温度升高，轮胎受高温传导后起火，引燃车载聚氨酯合成革，短时间产生大量有毒烟气并迅速蔓延，致使隧道内滞留人员及救援人员因吸入有毒烟气而受伤或身亡。

三　事故暴露出的突出问题

本起事故暴露出驾驶员突发情况处置能力不足、车辆安全技术状况不良、突发事件应急救援水平不高等突出问题，存在一定安全隐患。

(一)事故发生的根源

肇事车辆技术状况不良、不符合技术标准要求,驾驶员在隧道内遇突发情况时对险情判断错误、应急处置措施不当,是造成本起事故的根源。

(二)暴露出来的突出问题

1. 驾驶员应急处突能力不足

一是驾驶员对肇事车辆的处置措施不当。驾驶员在得知车辆存在风险后,仍将车辆停靠在慢速车道,未及时将车辆驶出隧道。肇事车辆按时速80km/h计算,约80s即可驶出隧道。二是驾驶员消防处置措施不当。驾驶员在发现车辆起火燃烧后,未及时寻找隧道内消防设施尽快灭火,也未逆风自救逃生。

2. 车辆安全技术状况不良

我国货运行业车辆维修不及时、货物运输包装不规范、装载加固不到位等情况较为常见,存在大量安全隐患,易引发交通事故和车辆自燃事故。本起事故的根源之一,就是车辆安全技术状况不良。

3. 隧道突发事件应急救援能力有待提高

政府主导、一路多方参与的隧道火灾应急救援机制亟待加强,跨地区联合应急救援机制尚需完善,应急救援指挥协调难度大。消防力量往往无法在隧道火灾"黄金8分钟"内赶到现场,从而错失最佳灭火时间。根据本起事故调查报告,事故发生约30min后消防力量才抵达现场。隧道火灾应急预案针对性和应急演练实战性不足,应急能力不能满足隧道火灾事故应急处置需求。

(三)有关措施建议

1. 加强营运车辆管理和人员培训教育

督促企业完善并有效执行车辆日常维护制度,加强车辆动态监控,确保车辆安全运行。应用虚拟现实(Virtual Reality,VR)技术等科技新成果,加强安全和应急知识培训。加大隧道火灾自救知识宣传教育力度,普及隧道安全知识。

2. 加强部门协同联动

加强交通运输部门、公安部门和隧道运营管理单位的信息联动,优化货物运输通行路线,建立完善道路运输车辆通行路线、运行状态、实时位置、货物类别等信息共享机制,形成货物运行动态监管合力。加强研究危险货物道路运输车辆进洞前智能探测技术,提高车辆实时追踪能力。

3. 加强隧道应急处置能力建设,健全隧道应急救援保障体系

指导地方进一步完善政府领导、一路多方参与的隧道火灾事故协调联动应急机制,明确各方职责,强化信息共享和协同能力,优化隧道应急资源配置,完善隧道应急救援站点和设备建设;建立隧道应急救援实训基地,制定隧道应急救援操作规程,分类实施针对隧道内突发事件以及典型事故处置等的教育,统一规范和指导隧道应急救援工作;按照"一隧一案"原则,重点针对特长隧道火灾等"巨灾"情景,编制具有针对性、可操作性的应急预案,强化实战演练,提高隧道应急处置能力。

4. 加强突发事件下隧道设施安全韧性提升研究

进一步加强隧道通风、照明、通信、供配电等设施设备在隧道火灾、爆炸等突发事件下的安全韧性基础研究,借鉴发达国家先进经验,有针对性地完善相关设施,开展面向长隧道突发事件的巡检、侦监、灭火应急处置技术研发;加强重大突发情况下交通安全

设施引导逃生和救援能力研究，提升隧道突发事件应急保障和处置能力。

> **小知识**
>
> ### 隧道内火灾应急处置方法
>
> 隧道具有较为封闭的结构特点，若发生火灾事故，燃烧产生的大量烟气和燃烧热无法及时排出，隧道内烟雾弥漫，温度上升快，疏散逃生困难，容易造成次生事故。驾驶员在隧道内发现车辆起火时，应保持冷静，遵循"先人后车"原则，按照"停车、熄火、开门、疏散逃生、灭火、警示、报警"等处置程序，进行应急处置。
>
> 1. 停车
>
> （1）停车带。
>
> 一般长度在1000m以上的隧道，在车辆行驶方向的道路右侧每间隔约750m处设有一处港湾式应急停车带（对面即为车辆应急逃生通道入口）。
>
> （2）停车注意事项。
>
> 驾驶员若发现车辆着火，所在位置离隧道出口较近，则应加速驶离隧道，若位置远离出口，驾驶员应该立即停车或找隧道内港湾式停车带停车，打开危险报警闪光灯并熄火。不要把车门关死，最好把钥匙留在车内。
>
> 2. 逃生
>
> （1）逃生通道。
>
> 一般长度在300m以上的隧道，在车辆行驶方向的左侧，每间隔约250m处都设有一处人员应急逃生通道。在隧道壁两侧，每间隔约50m离地110cm处均设置标有离出口具体距离的

逃生指示标志。一般长度在1000m以上的隧道，在车辆行驶方向的道路左侧每间隔约750m处设有一处车辆应急逃生通道（即中间间隔2个人员应急逃生通道）。

（2）逃生注意事项。

驾驶员停好车后，应立即打开车门让车内所有人员逃生，逃生时沿着隧道内侧，按照逃生指示标志所指方向，用毛巾或衣物（用水沾湿更好）捂住口鼻，弯下腰，逆风跑，不要高声喊叫，就近寻找逃生通道逃生。

3. 灭火

（1）消防装备。

隧道内在车辆行驶方向右侧隧道壁上，每间隔约50m处设有干粉灭火器、泡沫消火栓、水枪、手动火灾报警按钮等消防装备和消防使用说明。

（2）灭火注意事项。

若火情尚在可控范围内，驾驶员应立即取出车载灭火器灭火，注意应给油箱降温，千万不要盲目打开发动机舱盖，隧道内有通风系统，打开发动机舱盖会让火燃烧得更加猛烈。除使用车载消防用品外，在确保人员安全的情况下，可就近寻找隧道内配备的专用消防设备灭火。

4. 设立警示标志

若条件允许，驾驶员应及时在来车方向150m外摆放警示牌。

5. 报警

（1）报警设施。

隧道内在车辆行驶方向右侧隧道壁上，每间隔约150m处设有报警电话（近期建设的隧道一般含自动定位及隧道语音广播系统)。

(2)报警注意事项。

驾驶员应第一时间按下隧道内墙壁上的火灾报警按钮,用手机或应急电话打12122报警求助。

四 案例小结

隧道火灾事故是驾驶员安全操作技能与安全意识不足、行驶车辆安全技术状况不良、隧道通行环境缺陷等多要素耦合下发生的安全生产事故,隧道内一旦发生火灾、爆炸等突发事件,极易造成群死群伤或重大财产损失,也给抢险救援带来困难。交通运输、公安、应急管理等部门应高度重视,协同联动,抓好完善相关设计标准规范、隧道应急救援保障体系建设等关键节点,切实加强隧道火灾自救知识宣传教育、隧道应急救援实训基地建设、营运车辆安全管理和人员培训教育、隧道事故应急演练及事故风险研判等工作,不断提升对隧道火灾事故的风险防控及应急处置能力,切实保障人民群众生命财产安全。

案例 11 疲劳驾驶致超载货车追尾拖拉机后与对向货车发生碰撞

——吉林松原"10·4"重大道路交通事故

农村地区部分交通参与者法律意识和安全意识淡薄，驾驶车辆时常出现超载、疲劳驾驶等违法行为，导致农村地区道路频繁发生交通事故。2020年10月4日，吉林省松原市境内514省道39km处发生一起驾驶员疲劳驾驶超载货车追尾四轮拖拉机后，与对向违法载人货车发生碰撞的重大道路交通事故。

一 事故基本情况

2020年10月4日5时30分许，驾驶员冯某驾驶一辆轻型仓栅式货车（运载货物，超载639%）沿吉林省松原市境内514省道由西向东行驶至39km处时，与前方同向行驶的由李某驾驶的四轮拖拉机拖带的挂车尾部相撞，碰撞后货车驶入对向车道，与相对方向由唐某驾驶的轻型栏板式货车（核载5人，实载16人）发生碰撞，两辆货车前部严重变形损坏。事故共造成18人死亡、1人受伤，直接经济损失606.1万元。事故现场情况如图11-1所示。

道路运输事故典型案例评析（三）

图11-1　事故现场情况

三车事故轨迹再现图如图11-2所示。

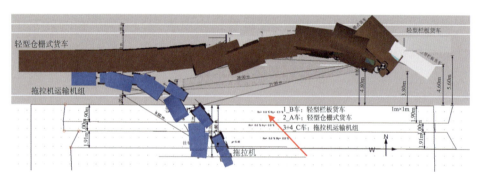

图11-2　三车事故过程轨迹再现（位移间隔4m）

此次事故共有24人被采取刑事强制措施，8个相关单位和技术服务机构被分别予以相应处罚。

二　事故直接原因

《松原市"10·4"重大道路交通事故调查报告》中认定，事故发生的直接原因是：驾驶员冯某疲劳驾驶极度超载的货车，当时为阴天,且为黎明,光线较暗,冯某未能及时发现前方同向四轮拖拉机拖带的无尾灯、无反光标识的挂车,采取措施不当,发生追尾碰撞后驶入对向车道,与相对方向超员、违法载人的轻型货车发生碰撞。

三 事故暴露出的突出问题

本起事故主要反映出农村地区部分交通参与者安全意识淡薄的问题,疲劳驾驶、超载运输时有发生。此外,还暴露出农村地区道路交通安全管理基础工作非常薄弱的问题。

(一)事故发生的根源

就本起事故而言,驾驶员在极易产生疲劳的凌晨时段驾驶车辆,且事发时为阴天,光线较暗,驾驶员已经疲劳,未能及时发现前方车辆,采取措施不当,发生追尾碰撞。驾驶员疲劳驾驶、肇事车辆超载是发生本起事故的根源。

充沛的精力、愉悦的心情,是安全驾驶的关键。人在连续驾驶、不眠不休、心情糟糕、精神不振等情况下,驾驶车辆最容易发生意外事故。尤其是在乡村道路上驾驶,路况复杂、情况多变,如果速度过快,一旦遭遇紧急事件,虽采取制动但仍无法安全停车,很可能导致交通事故。疲劳程度及危害见表11-1。

疲劳程度及危害   表11-1

疲劳程度	危害
轻微	驾驶中极易出现视线模糊、思考不周全、精神涣散、焦虑等现象
中度	驾驶时会反应迟钝,甚至忘记操作,极易引发道路交通事故
重度	出现短时间睡眠或瞬间记忆消失,导致动作迟误、操作停顿或反应不及时

道路运输事故典型案例评析（三）

（二）事故暴露出来的突出问题

1. 农村地区群众安全意识淡薄

由于农村地区群众交通安全意识不强，大部分车辆驾驶人员并未意识到自己一旦驾驶车辆上路就要遵守相关的法律法规，无证驾驶、客货混装、超员超载、疲劳驾驶现象时有发生。农村地区驾驶车辆活动比较随机，这也造成了驾驶员在驾驶车辆之前往往缺乏心理预期和心理建设。村民文化程度普遍不高，不了解道路交通安全法规，对农用车辆载人现象习以为常，往往将身边发生的道路交通事故视为天灾，如发生在自己或亲朋好友身上就自认为是倒霉。

小知识

农村地区驾驶车辆"六不要"

不要无证驾驶、不要驾驶无牌车辆、不要超载超员、不要客货混载、不要驾驶改装或报废农用车、不要驾驶农用车上高速公路。

2. 农忙季节货车超员、违法载人

农村地区春耕秋收时期，涉农客货运输迎来高峰期，为了方便省事，经常会发生务工人员搭乘载货汽车、三轮车、农用车、拖拉机出行的现象，如图11-3所示。农用车辆安全技术性能不高，车体结构安全防护性差，用于载客既违法又无任何安全保障，增加了道路交通安全隐患，一旦发生交通事故往往是车毁人亡，给很多家庭带来不幸。

图11-3　农用车非法载人

（三）措施建议

1. 加强农村道路交通安全管理

一是加强农村交通安全宣传，引导农村群众自主选择合规交通工具出行，确保出行安全。二是不断完善农村公路安全设施，提升农村公路本质安全水平。三是针对农村地区重要时期、重点时段群众出行需求，加强农村客运服务供给和安全监管，加大对非法营运的打击力度。四是强化落实农村客运经营者主体责任，保障运输安全。

2. 严格落实企业主体责任

交通运输部门要加强对重要货物集散地、重点货运企业的监管执法力度，强化源头治理。督促企业牢固树立"安全第一"的发展理念，在制定货运政策时要严格遵循有关法律规定，要明确将严禁超载装卸纳入企业日常重点管理范畴，认真落实安全生产主体责任。严禁物流运输企业出租、出借、转让道路运输相关资质，企业要对"严禁车辆超载运输""严禁疲劳驾驶"等进行制度化、规范化管理，切实提高驾驶员的守法意识和安全意识，及时发现并消除事故隐患。

农村道路驾驶车辆时的注意事项见表11-2。

道路 运输事故 典型案例评析（三）

农村道路驾驶车辆时的注意事项　　　　　　表 11-2

道路情形	注意事项
	在县、乡、村道路和山区道路驾车，要严格遵守限速规定，不要超速行驶
	弯坡路段请勿随意超车，不要违法占用对向车道逆行，经过村庄、路口、山路转弯处要提前鸣喇叭
	切勿在山区转弯路段驻车观景，不要随意停放车辆
	在临水临崖、路险沟深路段，要减速慢行，与路侧保持必要的安全距离。遇到对向来车要减速停车，让车辆临水临崖的一方先行

四 案例小结

为预防和减少农村道路交通事故发生，需要坚持问题导向，多部门明确职责分工，各司其职，协同配合，构建农村道路交通安全共治格局，保障农村道路交通安全。在此提出以下三点建议。

（1）农机管理部门应当规范农用机械上路行驶，加强安全驾驶宣传，提高驾驶员安全意识，保持农用机械尾部灯具、标识标志等安全附件清晰，驾驶活动和农用机械应当符合公安机关交通管理部门的相关规定。

（2）加强城乡短途运输安全管理，探索建立责任体系。因超载或栓固不牢等造成交通事故的，运输业户和货物托运人都应当成为事故第一责任人。

（3）地方人民政府应当解决农村地区春耕秋收等重要时期的交通需求问题，采取有效措施解决"从民居到地头"的物资、人员安全运输问题。

案例 12 超载货车下坡路段制动失效冲入集市人群

——湘潭市湘潭县花石镇"9·22"重大道路交通事故

公路货运车辆违法超限超载运输是长期存在的问题，被称为头号"公路杀手"和"事故元凶"，不仅严重破坏公路基础设施，给公路和桥梁带来严重危害，降低公路使用寿命，而且威胁交通安全，极易引发交通事故。据不完全统计，70%的重大交通事故由超限超载引发，50%的群死群伤事故与超限超载有关。2019年9月22日，湖南湘潭县花石镇发生一起货车严重超载引发制动失效而冲撞人群的重大道路交通事故。

一 事故基本情况

2019年9月22日8时42分许，驾驶员欧某驾驶一辆自卸低速货车（超载262%），沿湖南湘潭县花石镇县道X018线由南向北行驶至花石镇日华村下坡路段（坡长377.83m，坡度6.8%，坡底是日华村马路市场，当天为赶集日）时，车辆失控冲入赶集人群，事故造成10人死亡、16人受伤，直接经济损失1255万元。事故现场情况如图12-1所示。

图12-1 事故现场情况

本起事故共有15人被司法机关采取刑事强制措施,其中,1人涉嫌交通肇事罪,3人涉嫌重大责任事故罪,2人涉嫌生产、销售伪劣产品罪,9人涉嫌提供虚假证明文件罪。

二 事故直接原因

《湘潭县花石镇"9·22"重大道路交通事故调查报告》中认定,驾驶员欧某驾驶严重超载且安全技术状况不符合国家标准的机动车上道路行驶,车辆制动系统失效,是导致事故发生的直接原因。驾驶员临危操作不当、处置措施不力,加之事发当日公路两边赶集人员众多,扩大了事故后果。

三 事故暴露出的突出问题

本起事故暴露出货车违法超限超载危害巨大,同时还暴露出农村公路穿越集市方面存在诸多问题。

道路运输事故典型案例评析（三）

（一）事故发生的根源

肇事车辆所装载货物的源头单位未履行安全生产主体责任，存在非法超量装载的问题，导致车辆所载货物严重超过核定载质量；车辆安全技术状况不符合国家标准相关规定，具有运输安全隐患；驾驶员欧某忽视交通安全，途经人流密集的集市地段时，因反复多次制动、车辆左后轮制动轮缸皮碗陈旧老化破裂导致制动失效，是造成此起道路交通事故的根源。

1. 货车超限超载的危害性

（1）极易诱发交通事故。超载车辆长期处于超负荷运转状态，车辆制动性、转向性、稳定性等安全性能不良甚至失效，极易发生爆胎、制动失灵、钢板弹簧折断、半轴断裂、转向失灵等险情，给交通安全带来严重隐患。据统计，重型载货汽车道路交通事故中有80%以上是由超载运输引起的。

（2）严重缩短公路使用寿命。超载车辆的荷载一般远超公路和桥梁的设计承受荷载，频繁行驶在公路上会造成路面早期损坏、桥梁断裂，缩短公路、桥梁正常使用年限，致使其提前进行大中修。交通运输部官网信息显示，如果车辆超载50%左右在公路上行驶，公路正常使用寿命将缩短约80%。例如，一般等级沥青路面的设计使用年限为12~15年，超载50%将使其实际使用寿命缩短至2~2.5年。

> **小知识**
>
> **汽车超载质量与路面损害程度的关系**
>
> 根据交通运输部网站数据，汽车对路面的损害与其超载质量的增加呈几何倍数增长关系。货车超载10%，对道路的损害

会增加40%；一辆超载2倍的车辆行驶一次，对公路的损害相当于不超载车辆行驶16次；一辆36t的超载车辆对道路的破坏程度相当于9600辆1.8t重的小汽车。

（3）导致道路运输市场的恶性竞争。企业竞相压价承揽货源，通过超载来获取利润，而运价下降又刺激了车辆超载，靠超载来弥补压价带来的损失，从而形成"压价-超载-运力过剩-压价-再超载"的恶性循环，正常使用年限在10年左右的货运车辆如果长期超载，2~3年后即可报废。

（4）驾驶员容易出现操作失误。驾驶员驾驶超载的车辆，往往会增加心理负担和思想压力，容易出现操作失误，影响行车安全，易造成道路运输安全事故。

小提示

机动车载物规定

《中华人民共和国道路交通安全法》第四十八条规定，机动车载物应当符合核定的载质量，严禁超载；载物的长、宽、高不得违反装载要求，不得遗洒、飘散载运物。机动车运载超限的不可解体的物品，影响交通安全的，应当按照公安机关交通管理部门指定的时间、路线、速度行驶，悬挂明显标志。在公路上运载超限的不可解体的物品，并应当依照公路法的规定执行。

……

《中华人民共和国道路交通安全法实施条例》第五十四条规定，机动车载物不得超过机动车行驶证上核定的载质量，装载长度、宽度不得超出车厢，并应当遵守下列规定：

> （1）重型、中型载货汽车，半挂车载物，高度从地面起不得超过4m，载运集装箱的车辆不得超过4.2m；
> （2）其他载货的机动车载物，高度从地面起不得超过2.5m。
> ……

2. 车辆超载影响制动安全距离

车辆制动所需的安全距离与超载率的增加成正比例关系，同时车速增加也会使制动距离增加，超载运输给交通安全造成了较为严重的威胁。以江铃轻型载货汽车JC528T8为例，超载率与制动距离的关系见表12-1。由表可以看出，当车辆初速度为30km/h，超载率为50%时，制动距离增加近3m；超载率为100%时，制动距离增加近6m。当车辆初速度为50km/h，超载率为50%时，制动距离增加超过8m；超载率为100%时，制动距离增加超过16m。当车辆初速度为90km/h，超载率为50%时，制动距离增加近27m；超载率为100%时，制动距离增加超过53m。

超载率与制动距离的关系（以江铃轻型载货汽车JC528T8为例）　表12-1

超载率（%）	加速度（m/s²）	制动距离增加量（m）		
		初速度30km/h	初速度50km/h	初速度90km/h
10	-5.35	0.59	1.64	5.31
20	-4.90	1.18	3.28	10.63
30	-4.52	1.77	4.92	15.94
40	-3.20	2.36	6.56	21.26
50	-3.92	2.95	8.20	26.57
80	-3.27	4.72	13.12	42.52
100	-2.94	5.90	16.40	53.15

续上表

超载率（%）	加速度（m/s²）	制动距离增加量（m）		
		初速度30km/h	初速度50km/h	初速度90km/h
150	-2.35	8.85	24.60	79.72
200	-1.96	11.80	32.81	106.29

数据来源：刘晨阳，冯继豪，张永祥，徐广印. 超载运输车辆对沥青路面的破坏及制动距离的影响[J]. 河南农业大学学报，2016，50(04)：490-493+505.

3. 公路货运车辆超限超载认定标准

公路货运车辆超限超载认定标准见表12-2，但根据《交通运输部办公厅关于进一步规范全国高速公路入口称重检测工作的通知》（交办公路明电〔2019〕117号）要求，考虑到称重检测设施（设备）在使用过程中可能出现一定的误差，对于货车称重检测结果不大于认定标准105%（即超限部分未超过认定标准5%）的，暂按未超限超载处理。

公路货运车辆超限超载认定标准　　　　　表12-2

轴数	车型	图例	总质量限值（t）
2轴	载货汽车		18
3轴	中置轴挂车列车		27
	铰接列车		
	载货汽车		25

续上表

轴数	车型	图例	总质量限值（t）
4轴	中置轴挂车列车		36
	中置轴挂车列车		35
	铰接列车		36
	全挂汽车列车		
	载货汽车		31
5轴	中置轴挂车列车		43
	铰接列车		43
	铰接列车		42

案例12　超载货车下坡路段制动失效冲入集市人群

续上表

轴数	车型	图例		总质量限值（t）
5轴	全挂汽车列车			43
6轴	中置轴挂车列车			49
				46
				49
				46
	铰接列车			49
				46
				46

97

续上表

轴数	车型	图例	总质量限值（t）
6轴	全挂列车		49
			46

注：1. 二轴货车车货总重还应当不超过行驶证标明的总质量。

2. 除驱动轴外，图例中的二轴组、三轴组以及半挂车和全挂车，每减少两个轮胎，其总质量限值减少3t。

3. 安装名义断面宽度不小于425mm轮胎的挂车及其组成的汽车列车，驱动轴安装名义断面宽度不小于445mm轮胎的载货汽车及其组成的汽车列车，其总质量限值不予核减。

4. 驱动轴为每轴每侧双轮胎且装备空气悬架时，3轴和4轴货车的总质量限值各增加1t；驱动轴为每轴每侧双轮胎并装备空气悬架、且半挂车的两轴之间的距离 $d \geq 1800mm$ 的4轴铰接列车，总质量限值为37t。

5. 图例中未列车型，根据《汽车、挂车及汽车列车外廓尺寸、轴荷及质量限值》（GB 1589—2016）规定，确定相应的总质量限值。

（二）事故暴露出来的突出问题

1. 货运源头违法装载仍需重视

治超工作是一场难度极大的攻坚战，控制不住源头，仅靠路面执法，无法从根本上治理超限违法运输。矿山、建材厂、港口、物流园区等货物集散地，是重点货运源头单位，需要采取执法人员驻点、巡查、视频监控等方式，加强对重点货运源头单位货物装载工作的监管，从源头杜绝超限超载车辆上路行驶。

2. 路面联合执法协作机制有待进一步完善

本起事故反映出部分行业主管部门未牵头建立联合执法的长效机制，对低速载货汽车交通违法行为查处不力，治超工作中以罚代管为主，未按规定申报设置超限超载流动检测点，未针对性组织或参与马路集市常态化联合执法检查和路面管控。

3. 农村公路穿村过镇路段与平交路口交通安全隐患突出

根据公安部数据，2017—2019年，全国农村公路在四枝和三枝交叉口事故占比为92%，均涉及未按规定让行、违反交通信号、无证驾驶。未按规定让行、违法会车、违法超车是造成事故的主要原因。本起事故人员伤亡大、损失严重的主要原因是肇事车辆穿过公路上的集市。

（三）有关措施建议

1. 依法健全联合治超机制，落实治超源头主体责任

公路运输安全相关管理部门要加强对治超工作的组织领导，加大治超资金投入，提升科技治超水平，强化治超教育培训，提高从业人员安全意识。相关管理部门要积极开展定点、流动、公路入口、货运源头（网点）联合执法，认真落实"一超四罚"制度，进一步细化治超检测站联合执法工作流程，依法严厉查处超限超载等违法行为。加强对货运源头集散网点的监管整治，督促物流运输企业落实治超和安全生产主体责任，从源头上遏制超限超载车辆驶出场站。

小知识

"一超四罚"制度

"一超四罚"是指对违法超限运输的货运车辆、车辆驾驶员、道路运输企业和货运源头单位四方均进行处罚的制度。

第一罚：货运车辆。

经公安机关交通管理部门或公路管理机构部门做出行政处罚后，依据《公路安全保护条例》第六十六条的规定，对1年内违法超限运输超过3次的货运车辆，由道路运输管理机构吊

销其车辆营运证。

第二罚：车辆驾驶员。

经公安机关交通管理部门或公路管理机构部门做出行政处罚后，对1年内违法超限运输超过3次的货运车辆驾驶员，由道路运输管理机构责令其停止从事营业性运输。

对驾驶员的处罚主要是在路面检查中处罚，由公安部门实施。《中华人民共和国道路交通安全法》第九十二条规定，货运机动车超过核定载质量的，处200元以上500元以下罚款；超过核定载质量30%或者违反规定载客的，处500元以上2000元以下罚款，并由公安机关交通管理部门扣留机动车至违法状态消除。还会根据《道路交通安全违法行为记分管理办法》对驾驶员进行扣分处理。

《道路运输驾驶员诚信考核办法》（交运规〔2022〕6号）规定，对道路运输驾驶员的道路运输违法行为，处罚与计分同时执行，驾驶员未取得《超限运输车辆通行证》从事超限运输经营活动的，一次计10分。如果驾驶员在一个计分周期内有2次及以上的违法超限运输行为，诚信考核等级将被定为B级，即驾驶员诚信考核等级为不合格。这种情况下，驾驶员应在诚信考核等级确定后30日内，按照《道路运输从业人员管理规定》要求，到道路运输企业或者从业资格培训机构接受不少于18个学时的道路运输法规、职业道德和安全知识的继续教育。

第三罚：道路运输企业。

经公安机关交通管理部门或公路管理机构部门做出行政处罚后，货运企业1年内违法超限运输的货运车辆超过本单位货运车辆总数10%的，由道路运输管理机构责令道路运输企业停业整顿；情节严重的，吊销其道路运输经营许可证，并向社会公告。

第四罚：货运源头单位。

《超限运输车辆行驶公路管理规定》（交通运输部令2021年第12号）第二十八条规定，煤炭、钢材、水泥、砂石、商品车等货物集散地以及货运站等场所的经营人、管理人（以下统称货运源头单位），应当在货物装运场（站）安装合格的检测设备，对出场（站）货运车辆进行检测，确保出场（站）货运车辆合法装载。

《中华人民共和国道路运输条例》第七十一条规定，道路运输站（场）经营者允许无证经营的车辆进站从事经营活动以及超载车辆、未经安全检查的车辆出站或者无正当理由拒绝道路运输车辆进站从事经营活动的，由县级以上地方人民政府交通运输主管部门责令改正，处1万元以上3万元以下的罚款。

《超限运输车辆行驶公路管理规定》第四十九条规定，指使、强令车辆驾驶员超限运输货物的，由道路运输管理机构责令改正，处30000元以下罚款。

2. 加强农村平交路口隐患排查与安全治理

通过扩大路口面积、拓展可视范围，提高路口车辆间、人与车间的可视性，做到提前发现和提前采取措施。对于穿村过镇公路的大型交叉口，按标准规范实施信号控制，同时封闭或合并距离较近的相邻路口。对于事故多发路段，宜在事故多发位置前设置"事故易发路段"警告标志，提示驾驶员谨慎驾驶。根据事故原因加强视线诱导、强制减速和路侧防护等设施。此外，当通村公路存在连续长陡下坡，且下坡车辆失控的事故多发时，建议考虑设置缓冲区（紧急避险区）。

3. 加强道路市场隐患治理，净化公路通行环境

道路市场存在重大安全隐患，严重影响道路安全和畅通。要切实履行属地管理责任，采取切实有效措施坚决取缔道路市场，充实乡镇的执法力量，确保工作责任落到实处。要加大财政投入，加快推进农村集贸市场建设，既要消除交通安全隐患，又要满足广大人民群众生产生活需要。

小知识

制动不良或失效时的应急处置

驾驶员在驾驶过程中发现行车制动器制动不良或失效时，应采取以下应急处置措施。

（1）立即开启危险报警闪光灯，握稳转向盘，松抬加速踏板，抢挂低速挡减速。配备有发动机排气制动、缓速器等辅助制动装置的车辆，同时开启辅助制动装置。

（2）充分利用紧急避险车道、坡道或路侧障碍物（如路侧护栏等）帮助减速停车。在不得已的情况下，可利用车厢靠向路旁的岩石、护栏、树林碰擦，甚至用前保险杠斜向撞击山坡，迫使车辆停住，以减小损失。

（3）停车后，在来车方向同车道摆放危险警告标志，在车轮下放置垫木或石块，防止车辆溜滑，及时查明原因，视情请求援助。原因未查明时，不应冒险继续驾驶。

四 案例小结

超限运输，主观上是道路运输企业、车辆生产企业、车辆改装企业为了追求超额利润而突破安全底线的行为，客观上也反映出个别地方政府及有关主管部门的监管措施还不完善、监管职责落实不到位等问题。农村地区货车超载现象较为频发，加之交通流中车辆种类较为复杂，有的村民出行安全意识不强，极易引发道路交通事故。需要多部门构建联合执法协作机制，加强对货物装载源头的监管，守住路面执法这一治理违法超限运输的最后屏障，通过创新工作机制，强化科技监管，提高执法效能，有力遏制农村地区货车运输违法超载现象。在此建议积极探索利用新技术解决货运车辆超载问题：

（1）从车辆自身入手，货运车辆宜具有超载监测功能或安装全车型全工况AEBS，当驾驶员得知自己所驾驶的车辆存在超载行为时，驾驶员可以拒绝驾驶并向安全生产主管部门举报；当车辆将要发生碰撞风险时，AEBS可以很好地起到紧急制动作用。

（2）从公路基础设施入手，在公路高风险路段设置柔性或者半刚性阻拦系统，避免大型客车或重型货车与公路护栏刚性碰撞，甚至冲破护栏发生坠崖、坠江事故。

案例 13　农村客运车辆超载超速处置不当造成侧翻

——江西赣州"2·20"重大道路交通事故

农村客运是农民群众日常交通出行的重要方式，是重要的民生服务保障工程。近年来，我国农村客运体系基本建成，农民群众"乘车难"问题基本解决，农村生产生活条件得到有效改善。与此同时，农村客运事故时有发生，如2018年2月20日，江西省赣州市发生了一起农村客运车辆侧翻的重大道路交通事故。

一　事故基本情况

2018年2月20日9时17分许，雨天，驾驶员钟某驾驶中型普通客车从瑞金市城西停车场发车，按班线线路前往瑞林镇。车辆核载19人，出站时实载21人，其中驾驶员1人、乘务员1人、乘客19人。10时12分许车辆实载31人，当车辆由南向北行驶至赣州市宁都县境内319国道428km+918m弯道下坡路段时（车速约为70km/h），车辆失控向左驶出路面，坠到路坎下（高差6.8m），造成11人死亡、20人受伤。事故现场如图13-1所示。

此次事故共有14名责任人被采取刑事强制措施，有45名公职人员被问责。

案例13　农村客运车辆超载超速处置不当造成侧翻

图13-1　事故现场示意图

二　事故直接原因

《赣州市"2·20"重大道路交通事故调查报告》中认定，事故的直接原因有三个方面。一是事故车辆严重超载：经查，事故车辆核载19人，事故发生时实载31人，超载53%。二是事故车辆超速行驶：经认定，事故路段限速40km/h，事发时肇事车辆瞬时速度为70km/h，严重超速。三是驾驶员处置不当：车载动态监管视频显示，事发前车辆出现行驶方向大幅变化的异常情况，系驾驶员操作不当造成的。

综上，中型客车严重超员、雨天行经弯道下坡路段超速行驶、驾驶员操作不当是导致事故发生的直接原因。同时，车厢内有站立的乘客，且部分乘客未系安全带，车辆失控后，车内人员相互挤压或被甩出车外，造成重大人员伤亡。

三　事故暴露出的突出问题

本起事故暴露出农村客运安全管理薄弱，企业安全生产主体责任不落实，超载、超速、不系安全带现象突出等问题，存在巨大安全隐患，农村客运安全管理还需进一步加强。

（一）事故发生的根源

事故车辆所属企业为片面追求经济效益，在日常经营中采取司乘人员收入与营业收入挂钩的模式，鼓励并要求司乘人员超员营运，且对于驾驶员超员罚款一律予以报销，长期忽视道路运输安全管理相关要求，道路运输经营者和驾驶员安全意识淡薄，是造成本起事故的根源。

（二）暴露出来的突出问题

1. 企业安全生产主体责任不落实

事故车辆所属企业安全生产管理机构及规章制度形同虚设，对该班线车辆未尽到安全管理责任，对该班线采取司乘人员收入与营业收入挂钩的模式，鼓励并要求司乘人员超员运营，且存在报销驾驶员超员罚款的等违法行为，违法违规问题突出。

2. 农村地区道路交通安全基础设施依然较为薄弱

事故路段坠车一侧曾在2014年灾毁恢复路面重建项目中设计有20m长波形梁护栏，但因配套资金未到位，在招标补遗文件中暂缓新增安保等工程项目。2017年，江西省公路管理局下达了2016年省级追加安防工程计划，要求赣州市公路管理局在2018年1月全面完成该路段安防工程任务，至事故发生时该安防工程仍未完成，道路交通基础条件有待进一步提高。

3. 农村客运安全隐患排查整治不深入

事故路段位于319国道路427公桩至435公桩区间，该路段在2015年9月1日至2018年2月23日期间共发生44起事故，其中较大财产损失事故29起，致人死亡事故15起。宁都县预防道路交通事故领导小组将该路段作为重点隐患路段，赣州市公路管理局在该路段采取了设置安全警示标志牌、多处施划减速振荡标线等措施进行隐患整治，未能从根本上采取切实有效措施消除路段隐患。

（三）有关措施建议

1. 深化农村地区综合安全监管措施，切实落实客运企业安全生产主体责任

相关单位应深入调研农村地区安全生产工作现状，将农村客运作为农村地区交通运输安全生产事故预防的关键着力点，进一步优化农村客运安全监管协同管理措施，切实落实客运企业客运安全生产主体责任，有效保障农村群众安全出行需求。

2. 统筹发展和安全，规范和提高农村基础设施建设水平，夯实农村安全保障基础

要结合农村地区地理环境特征和经济发展实际，完善农村安全管理制度，加大农村地区基础设施建设力度，规范和提高农村基础设施建设水平，建立规范化可持续管护机制，完善协同监管措施，提高农村安全生产保障能力。

3. 强化安全管理责任落实，深入开展安全隐患大排查大整治

要深刻吸取事故教训，深入开展安全隐患大排查大整治活动，针对农村地区暴露出来的安全生产问题，深入查找问题根源。综合运用"人防、物防、技防、群防"手段，大力提升安全执法检查质量和成效，协同公安、市场监督管理等部门，形成安全监管合力，确保隐患排查彻底，问题整治到底。

四 案例小结

随着我国农村经济的高速发展，以及"村村通公路""村村通客车"等交通工程项目的不断推进，农村客运市场迅猛发展，很大程度上解决了农村地区"乘车难"问题，有效促进了农村地区经济社会发展。与此同时，农村客运市场经营不规范、农村道路交通基础设施建设水平整体偏低、农村客运车辆安全技术水平相对不高、农村客运从业人员安全意识相对薄弱、农村客运安全管理制度措施不够完善等问题大量存在，严重威胁农村群众生命财产安全。各行业、各部门、各地区要深入调研农村安全生产工作现状，强化对农村地区安全生产工作的指导和帮扶，制定与乡村振兴战略相适应的农村地区安全发展规划，逐步提高农村地区安全生产保障能力。

案例 14 动力蓄电池故障造成纯电动城市客车燃烧

——安徽铜陵"8·26"城市客车燃烧事故

2017年以来，我国新能源汽车，特别是纯电动城市客车快速发展，已成为城市公共交通的重要组成部分。与此同时，纯电动城市客车燃烧事故屡有发生，如2018年8月26日，在安徽铜陵就发生了一起纯电动城市客车燃烧事故。

一 事故基本情况

2018年8月26日18时22分，安徽省铜陵市一辆38路纯电动城市客车行驶至五松隧道内，车辆突然无法移动，驾驶员迅速疏散乘客，几分钟后，车辆由于动力蓄电池故障，开始冒烟、着火并伴有爆鸣，电池舱自动灭火装置启动将火熄灭，事故造成车辆电池损坏，事故现场情况如图14-1所示。

图14-1 事故现场情况

二 事故直接原因

根据铜陵市人民政府事故调查公告，该起纯电动城市客车起火的具体原因为动力蓄电池故障，电池液泄漏，产生酸性气体，致使电池舱压力过大，安全阀未能及时打开，导致电池舱爆裂并产生明火，电池舱内自动灭火装置开启，大量干粉受压，被推向高温的动力电池舱，发出爆炸声并伴有大量烟雾。因此，动力蓄电池故障是引发该起事故的直接原因。

三 事故暴露出的突出问题

本起事故暴露出城市客车所属城市客运企业对车辆的安全管理存在漏洞，城市客车动力蓄电池产品质量存在一定缺陷的问题。

（一）事故发生的根源

导致城市客车动力蓄电池自燃的原因通常有三种情形：一是电池所处的环境温度过高，电池散热性能不良，局部温度过高引起燃烧；二是城市客车动力蓄电池舱在受到碰撞或外力冲击时压力过大，电池舱发生变形，电池被挤压而引起燃烧；三是电池在使用过程中受生产工艺影响，隔膜破损、结晶毛刺等造成动力电池微短路，导致电池局部温度过高，出现热失控引起燃烧。本起事故是在正常行驶过程中突然发生的动力电池燃烧事故，因此，事故发生的根源之一是城市客车动力蓄电池产品质量缺陷。

（二）暴露出来的突出问题

1. 事故车辆所属企业安全管理存在漏洞

在本起事故中，城市客车所属城市客运企业购置的同车型车辆已发生多起动力蓄电池燃烧事故，企业未对同批次车辆安全技术状况进行排查检测，其他车辆仍在运营，属于未采取有效的安全管理措施。

2. 部分城市客车动力蓄电池存在质量缺陷

有的城市客车动力蓄电池系统设计存在缺陷，导致电池模组在充电和运行过程中温度过高，长时间运行后存在电芯压差大、漏液风险，存在安全隐患；有的城市客车动力蓄电池因生产工艺存在漏洞，在使用过程中易出现内部短路发热的情形，在极端情况下会导致电池热失控，引起车辆起火冒烟，存在安全隐患。

（三）有关措施建议

1. 加强新能源城市客车动力蓄电池的检查维护

城市客运企业要结合新能源城市客车动力蓄电池运行的技术特点，针对性制定运行管理、日常维护、运行检测与安全管理措施，尤其是动力蓄电池在受到电压、温度及环境因素等典型场景下的检测维护方法和措施，提高新能源城市客车的安全运行水平。

2. 配备动力蓄电池舱自动灭火装置

动力蓄电池舱自动灭火装置能够有效探测到电池舱内锂离子电池或超级电容器等发生的早期火灾并报警，同时实现火灾自动扑灭并持续抑制，防止电池、电容器的火灾复燃。

3. 有效实施城市客车动力蓄电池缺陷产品召回

动力蓄电池缺陷或故障极易引发车辆燃烧事故。针对新能源城市客车燃烧事故，要认真调查动力蓄电池、电机和电控系统等关键零部件的产品质量，若可能存在缺陷，要按照《中华人民共和国缺陷汽车产品召回管理条例》《缺陷汽车产品召回管理条例实施办法》实施召回管理。

道路运输事故典型案例评析（三）

> **小知识**
>
> ### 城市客车燃烧事故的处置方法
>
> 　　城市客车燃烧事故具有火势猛烈、蔓延迅速、人员疏散困难、灭火困难的特点。城市客车一旦发生燃烧事故，应按照"统一指挥、快速反应、正确处置"的基本原则进行处置。即由驾驶员或乘务员统一指挥，快速确认火情，并根据火情正确处置。
>
> 　　（1）电池舱起火应急处置方法。发现电池舱着火，首先要迅速关停车辆；并尽快通过车门疏散乘客，如果火情发现较晚，应使用所有可能出口进行人员疏散；然后在尽可能不打开电池舱机罩的情况下进行灭火。
>
> 　　（2）乘客舱起火应急处置方法。乘客舱火灾事故的安全疏散时间较短，当发现火情时应立即停车，通过车辆所有可能出口迅速疏散人员。
>
> 　　（3）轮胎起火应急处置方法。轮胎起火燃烧，如果能在早期察觉，应迅速使用灭火设备进行灭火，同时组织人员有序撤离。如果察觉火情较晚，应优先组织乘客疏散，再进行灭火。

四　案例小结

　　随着新能源汽车产业的快速发展，我国纯电动城市客车保有量逐年增长，纯电动城市客车燃烧事故数量同步显著增加，已成为城市公共交通的重大安全隐患。机动车检验检测机构要强化车型检测评价，从源头管控运输车辆安全本质风险。交通运输管理部门要加强城市客运车辆上牌发证安全核查，严把生产一致性质量关。城市客运企业要加强在城市客车使用过程中的监控，加强对新能源城市客车的维护，健全完善城市客车燃烧事故的应急处置措施，有效减少并科学防范城市客车燃烧事故。

案例 15 驾驶员与乘客冲突引发城市客车坠江

——重庆市万州区"10·28"城市客车坠江事故

驾驶员与乘客发生冲突是城市客车运行中主要的安全风险之一，近年来发生多起由于驾驶员与乘客间产生冲突造成人员伤亡的城市客车交通事故。2018年10月28日，重庆市万州区一辆城市客车在经过万州长江二桥时，就发生了一起由于驾驶员与乘客产生冲突造成城市客车坠江的重大道路交通事故。

一 事故基本情况

2018年10月28日，重庆市万州区一辆22路城市客车从驿星广场站前往枇杷坪御安医院站，当车辆行驶至南滨公园站前方时，乘客刘某发现车辆已驶过自己的目的地，遂要求驾驶员停车，但此时因未能抵达公交站台而无法停车。10时3分32秒，乘客刘某与驾驶员发生争执，并互有攻击性语言。10时8分49秒，刘某用手机击打驾驶员头部，驾驶员用右手还击。10时8分50秒，刘某再次用手机击打驾驶员，驾驶员用右手抵挡并抓住刘某手臂。10时8分51秒，驾驶员往左急转转向盘，车辆越过中心实线与对向一辆正常行驶的小汽车相撞，随后撞断防护栏坠江，最终造成15人死亡。事故过程示意图如

道路运输事故典型案例评析（三）

图15-1所示，事故现场情况如图15-2所示。

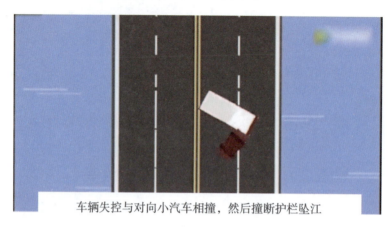

车辆失控与对向小汽车相撞，然后撞断护栏坠江

图15-1　事故过程示意图

图15-2　事故现场情况

二　事故直接原因

乘客与驾驶员激烈争执、互殴致使车辆失控，是造成本起事件的直接原因，具体包括两个方面：一是乘客与驾驶员发生口角并升级为肢体冲突，实施了危害车辆行驶安全的行为；二是驾驶员被攻击后未采取有效措施来确保行车安全，严重违反职业规定。

三 事故暴露出来的突出问题

本起事故暴露出城市客运企业对驾驶员的安全培训、驾驶员的应急处置能力、城市客车结构安全等方面存在一定问题。

（一）事故发生的根源

驾驶员面对情绪激动的乘客没有采取正确的处理方式，致使矛盾升级，且对车辆的行驶状况判断错误，临危处置不当，是造成本起事故的根源。

（二）暴露出来的突出问题

1. 城市客运企业对驾驶员的安全培训不到位

城市客车运营过程中，驾驶员与乘客因沟通不畅发生冲突，是城市客运的常见风险情形。城市客运企业未能针对此类人员冲突开展针对性培训，驾驶员安全意识薄弱，应急处突能力不足，不能正确有效处置突发事件。

2. 驾驶员的应急处置能力不足

驾驶员面对情绪激动的乘客没有采取有效的安抚工作，而是与乘客发生争吵激化矛盾；在事态升级后，未能作出准确判断并及时安全停车，未能采取切实有效的处置措施。

3. 城市客车结构安全存在一定缺陷

因驾驶员与乘客间发生纠纷，乘客抢夺转向盘的情形时有发生，暴露出城市客车结构设计存在一定缺陷，驾驶区与乘客区缺少必要的物理隔离设施，对驾驶员工作环境的安全防护不足。

（三）有关措施建议

驾驶员与乘客之间的矛盾是城市客车安全运营的主要风险，城

道路 运输事故 典型案例评析（三）

市客车驾驶员在被干扰时，要根据不同的风险情形采取正确有效的处置措施。

通常，乘客对驾驶员的干扰行为主要有影响安全驾驶的非正常和必需的沟通、指责和谩骂驾驶员、抢夺车辆控制权或攻击驾驶员等。驾驶员在遭遇乘客的干扰时，为减轻影响，避免事态升级，应采取以下应急处置措施。

（1）在与乘客沟通解释过程中如果矛盾激化、事态升级或受到攻击，驾驶员应立即选择安全地点靠边停车，打开危险报警闪光灯，及时拨打110报警电话，并向所属企业管理人员报告现场情况。如有可能，留下至少两名目击证人及其联系方式。

（2）受到指责和谩骂但未影响正常行车或人身安全时，驾驶员应先告知乘客其行为可能带来的法律后果，并责令其立即停止干扰。如果阻止无效，要立即选择安全地点靠边停车，打开危险报警闪光灯，摆放危险警告标志。在保证自身安全的情况下，保持沉着冷静，尽量做好沟通解释，并尽量安抚乘客情绪。

（3）驾驶控制权或人身安全突然受到干扰时，驾驶员要尽可能保持驾驶姿势，牢牢握稳转向盘，尽量保持行车路线，尽快减速，并靠路侧选择安全地点停车，打开危险报警闪光灯，不要随意开启车门。在保证自身安全的情况下，保持沉着冷静，尽量做好沟通解释，安抚乘客情绪。

> **小提示**
>
> **对妨害公共交通工具安全驾驶违法犯罪行为的处罚**
>
> 2019年1月8日，最高人民法院、最高人民检察院和公安部联合印发《关于依法惩治妨害公共交通工具安全驾驶违法犯罪行为的指导意见》，对于乘客在公共交通工具行驶过程中实

施"抢夺方向盘、变速杆等操纵装置，殴打、拉拽驾驶人员"等有妨害安全驾驶行为的行为，按以危险方法危害公共安全罪定罪处罚，并强调，实施上述行为即使尚未造成严重后果，一般也不得适用缓刑；具有"持械袭击驾驶人员的"等特定情形的，予以从重处罚。

（1）2018年12月27日，在海口市30路城市客车上发生一名女乘客掌掴城市客车驾驶员事件，驾驶员面对乘客的侵扰，立刻采取制动措施，将车辆停靠在路边后报警。随后，该乘客被公安机关抓获，最终被判处有期徒刑4年。

（2）2019年1月13日，在哈尔滨市6路城市客车上，一名醉酒乘客对城市客车驾驶员进行多次殴打后逃逸，后来又投案自首。最终该乘客被以危险方法危害公共安全罪定罪，判处有期徒刑6年。

四 案例小结

城市客运中驾驶员与乘客之间纠纷多发，若不能妥善处置，将直接影响城市客运在人民群众心目中的形象，甚至危及车辆的安全运行。有关部门要进一步建立健全公共交通安全法律法规，提升对公共交通安全秩序的法律保障力度，明确客运车辆行驶过程中驾驶员的人身不可侵犯，加强社会宣传教育及典型案例教育，杜绝乘客侵犯驾驶员的行为。城市客运企业要针对常见纠纷情形，开展针对性培训，提高从业人员业务技能和服务能力，规范特殊情形的处置方法与流程，提高服务质量；要对城市客运车辆配备驾驶员防护隔离装置、AEBS等安全设施，提高运输装备的安全防护能力。

案例 16　驾驶员心理不健康导致城市客车坠湖

——贵州安顺"7·7"城市客车坠湖事故

公共交通是城市建设的重要组成部分，伴随着城市客车的普及，城市客车承载的交通运输任务越发繁重。城市客车驾驶员承受着来自公司、乘客和家庭等多方面的压力，因城市客车驾驶员生理、心理问题引发的交通事故时有发生。如2020年7月7日，在贵州省安顺市发生了一起城市客车坠湖事故。

一　事故基本情况

2020年7月7日12时12分，驾驶员张某驾驶一辆2路城市客车，在行驶至贵州省安顺市西秀区虹山水库大坝时，突然向左转向加速，横穿对向车道，撞毁护栏坠入水库，最终造成21人死亡、15人受伤。事故现场情况如图16-1所示。

图16-1　事故现场情况图

二 事故直接原因

经调查，驾驶员张某离异，时常感叹生活不如意，事发当日8时38分，其拨打政务服务热线对申请公租房未获批准表示不满意。经认定，本起事故的直接原因是肇事驾驶员张某因对生活现状不满、对未能申请到公租房一事心存怨恨，为制造社会影响，针对不特定人群实施的危害公共安全的个人极端犯罪。

三 事故暴露出的突出问题

本起事故还暴露出事故客车所属城市客运企业对驾驶员情绪及心理健康关注不够的问题，企业未能在驾驶员上岗前及时发现其严重的负面情绪，从而导致事故发生，暴露出该企业在驾驶员的安全管理与身心健康保障方面存在一定漏洞。

（一）事故发生的根源

肇事驾驶员生活不如意，心理处于亚健康状态，在未能申请到公租房时产生了报复社会、危害公共安全的负面思想，是引发本起事故的根源。

（二）暴露出来的突出问题

1. 城市客车驾驶员心理亚健康问题严峻

城市客车驾驶员劳动强度大、精神压力大、工作时间长、风险高、责任重、社会地位低，普遍面临身体和心理亚健康问题，是城市客运的重大安全风险。

2. 城市客运企业对驾驶员心理健康关注不够

目前，城市客运企业对驾驶员的安全管理重点在于违法违规行为，对驾驶员的思想教育、意识引导、道德规范和行为约束相对较少，对驾驶员的心理健康关注不够，对驾驶员心理问题不能及时疏导。

（三）有关措施建议

1. 全面提高城市客车驾驶员心理健康水平

城市客车驾驶员对于公共安全责任重大，不仅要提高城市客车驾驶员的业务技能、思想品质和心理素质，也要重点关注其心理健康状况，标本兼治，从根本上提高驾驶员的综合安全水平，严禁心理不健康、身体不适应的驾驶员上岗。

2. 切实强化城市客运企业安全管理

要督促城市客运企业密切关注驾驶员身体、心理健康状况，要定期组织开展心理健康卫生检查，定期邀请心理专家进行心理辅导，要加强公交车运行动态监控，及时提醒和纠正驾驶员的不安全驾驶行为。

3. 加强城市客运企业文化建设和对驾驶员的关爱、关怀

要密切关注城市客车驾驶员身体、心理健康状况，及时发现驾驶员身心亚健康的苗头性问题，采取调班、调休、谈话、谈心、增加运动等方式加强疏导，要逐步提高城市客车驾驶员福利待遇，切实提高城市客车驾驶员的职业认同感、获得感和满意度。

小知识

城市客车落水时的紧急脱险方法

在车辆行驶过程中，车辆可能会因失控等落入水塘、溪流等，出现落水险情。车辆落水后，驾驶员应保持清醒头脑，按照"开门、砸窗、疏散、逃生"等处置程序，进行应急处置。

（1）车辆落水前，切勿急于解开安全带，防止落水时的冲击力造成人员受伤，不要试图关闭车窗阻挡车内进水或拨打急救电话，以免耽误逃生时机。

（2）车辆刚落水尚未完全下沉时，驾驶员应尽快解开安全带，第一时间开启车门或车窗，组织乘客疏散逃生。当外部水压较大难以开启车门或车窗时，驾驶员要迅速使用应急锤等尖锐器械砸开车窗等，组织逃生。如果车上未配备应急锤，可将座椅头枕拔下，用尖锐的插头敲击侧面玻璃，或把头枕金属插头插入侧窗玻璃缝隙中，撬碎玻璃。

（3）车辆完全下沉时，驾驶员要采取一切可能措施，打开车门或打碎车窗玻璃，尽最大可能组织乘客逃生。

（4）人员逃离车厢后，要第一时间寻找漂浮物，保持面部朝上，积极寻求救援。

四、案例小结

城市客运是城市公共交通的重要力量，城市客运驾驶员服务能力、安全意识、健康状态和驾驶技能水平是影响城市客运安全健康发展的重要因素。城市客运企业要密切关注驾驶员的心理健康情况及情绪波动，尤其是驾驶员出车前的情绪状态，确保驾驶员情绪稳定。同时也要重点关注在行车过程中，由于其他车辆、人员等交通参与者的不良行为导致驾驶员产生的过度应激行为，要研究驾驶员心理异常时的保护措施，如城市客车全车型加装全工况的主动安全装置（如AEBS等），从根本上提高城市客运安全水平。

案例 17　自动驾驶车辆使用场景超出其设计运行条件发生碰撞

——美国佛罗里达州"3·1"自动驾驶车辆撞击半挂牵引车事故

随着自动驾驶技术的快速发展，目前国内外各大车企已量产符合《道路机动车辆驾驶自动化系统相关术语的分类和定义》（SAE-J3016—2021）标准中L2驾驶自动化等级的车型，但是这些具备L2驾驶自动化等级的车辆在使用过程中已发生多起在超出设计运行条件（Operational Design Condition，ODC）状态下仍然使用自动化驾驶功能引发的道路交通事故。2019年3月1日，在美国佛罗里达州US441号公路交叉路口发生了一起自动驾驶车辆与横穿的半挂牵引车碰撞事故，这是一起典型的使用场景超出驾驶自动化功能设计运行条件引发的交通事故。

一　事故基本情况

2019年3月1日上午6时17分，一辆开启L2级驾驶自动化功能的车辆（激活自适应巡航控制系统TACC和自动转向系统Autosteer）在美国佛罗里达州棕榈滩县US441公路的右侧车道向南行驶，事故过程还原示意图如图17-1所示。

案例17　自动驾驶车辆使用场景超出其设计运行条件发生碰撞

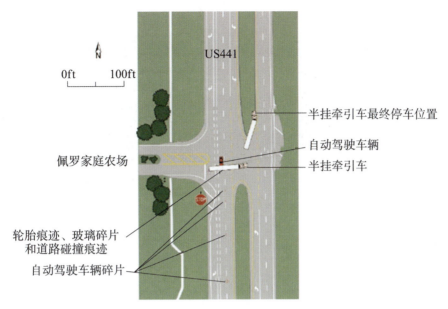

图17-1　事故过程还原示意图

当该事故车辆行驶至US441公路14000街区交叉路口时，未识别出准备由西向东左转进入US441公路北向车道的半挂牵引车，事故车辆前向碰撞预警系统（Forward Collision Warning System，FCWS）与自动紧急制动系统（AEBS）未激活，驾驶员未采取制动或转向的避撞措施，导致该事故车辆与半挂牵引车的挂车中后部左侧发生碰撞后穿越挂车箱体，造成50岁男性事故车辆驾驶员当场死亡，事故车辆与半挂牵引车碰撞位置如图17-2所示，事故车辆损毁情况如图17-3所示。

图17-2　事故车辆与半挂牵引车碰撞位置

图17-3 事故车辆损毁情况

二、事故原因

根据美国国家公路交通安全管理局（NHTSA）和美国国家运输安全委员会（NTSB）针对本事故发布的调查报告，造成事故的主要原因包括两个方面：一是事故车辆驾驶自动化功能在超出设计运行条件的交叉口场景下仍然执行动态驾驶任务，未识别出横穿的半挂牵引车；二是驾驶员激活L2级驾驶自动化功能后未实时监控车辆运行环境，及时接管驾驶任务。

三、事故暴露出的突出问题

本起事故暴露出的突出问题：一是自动驾驶车辆无法识别判断实际使用场景是否超出其设计运行条件，当使用场景超出其设计运行条件状态时无法自主退出动态驾驶任务，无法及时提醒驾驶员接管车辆；二是企业对产品驾驶自动化功能夸大宣传，导致用户对驾驶自动化功能分级和设计运行条件概念的理解产生偏差。

（一）事故发生的根源

事故车辆驾驶自动化功能可通过识别驾驶环境对车辆转向和加

减速等多项操作提供驾驶支持,但驾驶员需要实时监控周围驾驶环境以及随时准备接管车辆。事故案例中驾驶员盲目信任驾驶自动化功能,完全丧失对车辆的运行环境监控与驾驶控制,是导致发生本起事故的根源。

(二)暴露出来的突出问题

1. 驾驶自动化功能无法在使用场景超出设计运行条件时自动退出动态驾驶任务

该自动驾驶车辆车主手册中关于驾驶自动化功能的设计运行条件的描述内容如下:

(1)用于封闭高速公路场景;

(2)用于具备清晰车道标记区域;

(3)不适用于交叉口环境;

(4)不可用于交通状况不断变化的城市街道;

(5)不适用于有急转弯的蜿蜒道路;

(6)不适用于在能见度低的恶劣天气条件下使用。

根据事故调查报告,US441公路不属于封闭高速公路,包括事故发生地点的8km范围内,有34条相交的道路和私人车道,实际使用场景完全超出了车主手册中关于"(1)用于封闭高速公路场景"和"(3)不适用于交叉路口交通环境"的设计运行条件,但事故车辆在使用场景超出设计运行条件的状态下未及时退出驾驶自动化功能,终止动态驾驶任务,也未能及时提示驾驶员对车辆进行接管。

2. 企业对产品夸大宣传导致用户过度依赖驾驶自动化功能

智能化技术从提高车辆本体性能,向辅助和代替驾驶员驾驶的方向不断发展,不同类型和智能化水平的技术正在推广应用。各类智能化技术交叉混合,概念模糊、分类混乱。大多数消费者不会对驾驶自动化分级概念进行深入研究,容易引发使用者的理解偏差。

2022年10月，美国高速公路安全保险协会（IIHS）公布的一项调查研究显示，目前在使用非完全驾驶自动化功能的用户中40%以上表示他们可以放心地将自己的车辆视为能实现完全自动驾驶。本起事故车辆的制造企业在宣传中并未强调目前产品的驾驶自动化等级，而是应用可直译为"完全自动驾驶"的名词Full-Self Driving（FSD）对产品进行宣传，而普通用户或驾驶员不会深入了解驾驶自动化的分级和设计运行条件概念，对自动驾驶技术局限性知之甚少，很容易受到自动驾驶车辆宣传的"完全自动驾驶"名词误导。根据驾驶员监控系统对事故过程的数据记录，在撞击前的7.7s内未监测到驾驶员施加的转向盘与制动踏板力矩数据，这表明驾驶员在事故发生过程中未采取任何制动或转向避撞措施。

（三）措施建议

1. 关于构建驾驶自动化系统的设计运行条件测试评价体系的建议

针对驾驶自动化系统在超出其设计运行条件使用时事故频发的问题，亟须建立一整套完整、科学的驾驶自动化系统设计运行条件测试评价体系，对道路条件、环境条件、车辆条件、目标障碍物等在执行动态驾驶任务过程中涉及的设计运行条件所包含的要素进行科学系统的测试评价，企业应根据测试报告在产品安全声明中明确各类设计运行条件要素，帮助用户理解掌握设计运行条件的边界，帮助用户正确、合理地使用驾驶自动化功能。

2. 关于推动驾驶自动化系统设计运行条件与实际运行条件匹配评估的建议

基于目前自动驾驶技术的发展现状，可在交通条件、安全风险相对可控的区域内使用驾驶自动化技术。将车辆驾驶自动化功能的设计运行条件测评结果与运行线路的实际运行条件进行匹配评估。

在设计运行条件全面覆盖实际运行条件时,自动驾驶车辆在当前区域路段可开启使用驾驶自动化功能;在设计运行条件不能全面覆盖实际运行条件时,自动驾驶车辆在当前区域路段应禁用驾驶自动化功能。在本起事故案例中,事故车辆车主手册明确指出驾驶自动化功能不适用于交叉口交通环境,但事故路段8km内存在34条相交的道路和私人车道,事故车辆驾驶自动化功能设计运行条件不能覆盖运行线路的实际运行条件,应在事故发生路段禁用事故车辆驾驶自动化功能。

四 案例小结

受制于当前自动驾驶技术发展水平,目前实际应用的驾驶自动化功能并未达到L5驾驶自动化等级(完全自动驾驶),针对L4及以下驾驶自动化等级的自动驾驶车辆,如何确保驾驶自动化系统在其设计运行条件内执行动态驾驶任务,是目前自动驾驶车辆运行安全和应用的关键问题。目前,可通过以下两个方面的工作来解决这个问题:一方面可通过对驾驶自动化系统的设计运行条件与车辆实际运行条件进行匹配评估,根据设计运行条件精准划分使用范围;另一方面可利用车路协同、远程控制、运行线路规划等技术手段提升使用条件与实际运行条件匹配度,将安全风险由高风险向中风险转移,再由中风险向低风险转移,推动驾驶自动化技术分类、分阶段、分场景应用,在保障自动驾驶车辆运行安全的基础上,实现驾驶自动化技术的商业化应用。